Wie rationale Maschinen
romantisch wurden

Fröhliche Wissenschaft 234

Philipp Schönthaler

Wie rationale Maschinen romantisch wurden

KI, Kreativität und algorithmische Postrationalität

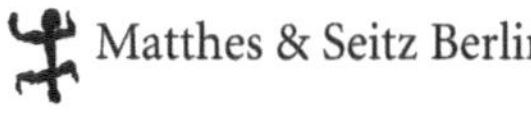

Matthes & Seitz Berlin

Inhalt

Einleitung: Reise in die Zukunft des Schreibens

In seiner »Stuttgarter Zukunftsrede« *Mein Algorithmus und Ich* berichtet der deutsch-österreichische Autor Daniel Kehlmann von einer Reise ins Silicon Valley im Februar 2020. Der Anlass dafür war eine Einladung von Open Austria – einer Initiative des Auswärtigen Amts mit Sitz in San Francisco und der Mission, »Österreich und das Silicon Valley auf den Feldern der Wirtschaft, Technologie, des Investments, der Tech-Diplomatie und Künste zusammenzubringen«.[1] An der sagenumwogenen Wiege der heutigen Digitaltechnologien sollte mithilfe eines maschinellen Sprachverarbeitungsprogramms, aus einem Ping Pong von Sätzen, die Kehlmann im Wechsel mit dem Computerprogramm zu schreiben beabsichtigte, eine Erzählung entstehen. Zurück auf dem alten Kontinent traf der Schriftsteller allerdings nur mit einer Rede über die erprobte Co-Autorschaft zwischen Mensch und Maschine ein – von einer Erzählung, einem vorzeigbaren Resultat, fehlte bis auf wenige ausgesuchte Beispielsätze jede Spur.

Obwohl Kehlmanns Ausflug an die Westküste als kultureller Vertreter des alten Europas, der für seine Romane international bekannt ist, viel Aufmerksamkeit erregt hat, ist die Bedeutung der Reise selbst, also der Umstand, dass sie überhaupt stattgefunden hat, kaum je zur Sprache gekommen. Das mag auch der ausgestellten Schlichtheit des essayistischen Ichs geschuldet sein, das Kehlmann in Palo Alto[2] landen ließ, um es – der Titel seiner Rede *Mein Algorithmus und Ich* weist das aus – zum Maßstab für die Auseinandersetzung mit der Technik zu nehmen. Die theoretischen Ausführungen bleiben oberflächlich (die Mächtigkeit des Sprachmodells, das man Kehlmann vorsetzte, lässt sich nicht erst mit der Veröffentlichung von ChatGPT im November 2022 anzweifeln), und über eine sechzigjährige Geschichte der computergenerierten Literatur geht der Romancier hinweg, als hätte es diese gar nicht gegeben. Was »echte Literatur« ist, weiß Kehlmann schließlich, bevor er sein »Experiment« mit der Künstlichen Intelligenz (KI) überhaupt beginnt.[3]

Neben seinem Renommee dürfte Kehlmanns Literatur- und Schreibverständnis zwar einer der Gründe sein, warum dieses Experiment überhaupt stattgefunden hat. Dennoch kann es verwundern, dass es ihm selbst im Nachgang nicht einfällt, danach zu fragen, wie der Computer das

Schreiben verändern oder wie eine Literatur aussehen könnte, die sich von der algorithmischen Logik des Computers irritieren oder sogar leiten ließe – zumal die Rede, in der Kehlmann von seinen Erfahrungen berichtet, nach jener Stadt benannt ist, die zwar »die merkwürdige Eigenschaft [hat], dass man sie übersieht«,[4] die aber nichtsdestotrotz als Geburtsort der Computerliteratur in Deutschland gelten darf und ihr für ein Jahrzehnt als vitaler Hotspot diente, an dem die Literatur in einer Anpassung sowohl an die neuen Rechenmaschinen als auch an die technokapitalistische Gesellschaftsordnung zukunftstauglich gemacht werden sollte.

Was aber ist nun das eigentlich Bedeutsame an »diesem Ausflug in die Zukunft«[5] des Schreibens? Es ist die Tatsache, dass Kehlmann überhaupt in ein Flugzeug steigt und sich auf das Experiment mit der KI einlässt. Denn noch vor sechzig Jahren, als die computergenerierte Literatur sich mit dem theoretischen Flankenschutz von dem an der Technischen Universität Stuttgart lehrenden Physiker, Philosophen, Wissenschaftstheoretiker und Autor Max Bense offensiv in einer Abkehr von der konventionellen Literatur formierte, als die »Geburt der Poesie aus dem Geist der Maschine«[6] programmatisch für ein antiromantisches Schreiben stand, wäre es kaum vorstellbar gewesen, dass sich jemand wie Kehlmann, der »nicht an Regeln beim Schreiben« glaubt,[7] auf die Zusammenarbeit mit dem Computer einlässt. In den Begrifflichkeiten Benses, der die natürliche von der künstlichen Poesie abgrenzte, wobei letztere ihr Ideal in einer mathematischen, maschinell ausführbaren Texterzeugung fand, ist Kehlmann schließlich ein stereotyper Repräsentant der natürlichen Poesie und das heißt all dessen, was die frühe Computerliteratur, wie sie exemplarisch aus dem Kreis der Stuttgarter Gruppe um Bense hervorging, scheute wie der Teufel das Weihwasser. Insofern erscheint Kehlmanns Reise nur möglich, weil sich die Legitimationserzählungen und Rahmen, wie Computer betrachtet werden, grundlegend gewandelt haben. Seinen Ausdruck findet diese Transformation darin, dass Computer zwar nach wie vor als technische, logisch-mathematisch strukturierte Apparate wahrgenommen werden, doch nicht länger als Garanten der Objektivität, Transparenz, Verlässlichkeit sowie einer analytisch-mathematischen Repräsentation oder Erschließung der Welt gelten – Eigenschaften, die mit Kehlmanns im Kern romantischer Poetik kaum verträglich wären. Aufschlussreich ist die Reise also, weil sie symptomatisch Auskunft gibt über den Wandel der algorithmischen Rationalität und die veränderten Prämissen und Erwartungen, mit denen die Maschinen und ihre Resultate heute rezipiert werden.

Diese Entwicklung – so die Vermutung des vorliegenden Essays –, die ihren Ausgangspunkt Ende der 1950er und Anfang der 1960er genommen hat, als Rechenanlagen erstmals für den zivilen Gebrauch vertrieben wurden, wird in Rückbezug auf die Romantik sinnfällig, denn Computer legen zunehmend ein Verhalten an den Tag, das zwar aus logisch-mathematischen Prinzipien hervorgeht, aber oft nicht mehr auf diese zurückgeführt werden kann, dies in vielen Fällen auch gar nicht mehr soll. Stattdessen wird nach einem maschinellen Verhalten gesucht, das überraschend, kreativ, originell, unergründlich, singulär oder autonom operieren soll, werden die Maschinen und ihr Output verstärkt danach bewertet, ob sie ihr menschliches Gegenüber affektiv, emotional oder menschlich berühren – alles Qualitäten, wie sie für die Beschreibung romantischer Befindlichkeiten und Subjektivitäten typisch sind.

Womit wir es also zu tun haben, ist gewissermaßen eine algorithmische Postrationalität,[8] ist eine Verschiebung innerhalb algorithmisch und simulativ erzeugter Resultate, Objekte und Wirklichkeiten, die zwar einerseits logisch, mathematisch und algorithmisch strukturiert und in diesem Sinn rational sind. Andererseits lösen die simulativ erzeugten Objekte aber die traditionell an die Rationalität gerichteten Erwartungen auf Objektivität, Transparenz und eine mathematisch beweisbare

Verlässlichkeit nicht mehr ein. Die algorithmische Postrationalität, die hier weniger einen faktischen Tatbestand, sondern einen heuristischen, einen Wandel kenntlich machenden Unterscheidungswert markieren soll, benennt demnach eine wesentliche – empirische und phänomenologische – Voraussetzung, warum die KI entlang romantischer Topoi diskutiert werden kann, anstatt sich länger ins Muster der rationalen Maschine zu fügen.

Der Gegensatz, den Bense damals noch auszumachen meinte zwischen einer natürlichen Poesie, die den Schreibakt in einem lebensweltlich verankerten Ich beginnen lässt, und einer künstlichen Poesie, die ihn in einer radikalen Abkehr davon an den Funktionsprinzipen des Computers als strikt regelgeleiteter, logisch und klassisch mathematisch operierender Maschine festmacht, hat sich dementsprechend heute fast gänzlich verschliffen. Längst steht die maschinelle Textproduktion nicht mehr im Ausschlussverhältnis zu einem romantischen Bewusstsein.

Auf den vorliegenden Seiten interessiert mich dieser Befund zum einen, weil sich darin die Rekonfiguration der algorithmischen Rationalität niederschlägt, wie sie sich exemplarisch in den Debatten um die KI und um die statistischen Large Language Models (LLMs) äußert. Zum anderen, weil sich darin die Mächtigkeit kultureller Deutungsmuster abzeichnet: Erst sie legitimieren die

Technik und verleihen dieser ihre sinnhafte Gestalt und soziale Bedeutung. In dieser Hinsicht zeugt die romantische Maschine davon, dass die digitalen Technologien gerade auch dort, wo sie angeblich besonders visionär oder fortschrittlich auftreten, von tradierten Denkmustern zehren, die sich bereits bewährt haben – was dann auch ein Grund ist, warum die Literatur, die einerseits als verlässlicher Speicher für kulturelle Denkformationen dient, diese aber andererseits auch immer wieder befragt, nach wie vor eine lohnende Disziplin darstellt, um selbst die neusten technischen Entwicklungen zu reflektieren.

Mit der Frage nach den kulturellen Konfigurationen, aus denen die digitalen Systeme hervorgehen, ist zugleich auch ein zentraler Anhaltspunkt für eine Kritik an der Technik benannt. Denn die Wirkmächtigkeit der Technik ist niemals nur das Resultat der Leistungsfähigkeit technischer Systeme. Vielmehr sind diese, um ihre Wirkmächtigkeit entfalten zu können, wesentlich auf kulturelle Bedingungen, die ihnen förderlich sind, angewiesen. Folgt man dieser Spur, rückt die romantische Maschine als Ausdruck einer neuen Legitimationserzählung in den Blick, wie die digitalen Systeme in soziale Lebenswelten integriert werden sollen. Notwendig wird die romantische Maschine aus dieser Perspektive, weil sie dafür sorgt, dass die Computer leisten können, was ihnen als Träger einer kalten und rationalistischen Vernunft versagt bleibt: noch tiefer als bisher in das soziale Gewebe der Gesellschaften einzudringen. Nur wo die algorithmischen Maschinen ihren Bund mit den klassischen Werten der Rationalität, Objektivität und Transparenz lockern und zu Boten einer algorithmischen Postrationalität werden, die zwischen den Polen des Rationalen und der Intuition, der Objektivität und Subjektivität, der Kognition und der Emotion, der Transparenz und Opazität, der Passivität und der Aktivität, der Automation (und das heißt der Reproduktion als regelkonformen Verhalten) und der Autonomie (und das kann sich hier auch in der Originalität als regelbrechendes Verhalten äußern) changieren können, kann die KI ihren Wirkungskreis ausdehnen und zusätzliche Sphären erobern – Sphären wie die der Literatur (und Kunst), aber letztlich natürlich weit mehr als das: Denn wie es einem romantischen Bewusstsein entspricht, soll der künstlichen Intelligenz schließlich keine Grenze gesetzt sein. Genau davon erzählt die Geschichte, wie in den letzten sechzig Jahren aus rationalen Maschinen romantische wurden.

Populäre Romantik

Die Romantik hat als historische Epoche und kulturelles Erbe seit einigen Jahren wieder stark an Aktualität gewonnen.[9] In ihrer Vielfalt spiegelt die Menge der Publikationen für ein Fach- und Allgemeinpublikum auch die Komplexität und notorische Undefinierbarkeit des Worts, das sich aus dem Gattungsbegriff des Romans ableitet und zugleich für eine Epoche, eine literarische Strömung oder einen Kunststil, eine Theorie oder eine Stimmung stehen kann. Folglich erhebe ich keinerlei Anspruch darauf, der Romantik historisch oder in Bezug auf die Gegenwart gerecht zu werden; im Gegenteil: Ich beschränke mich ausschließlich auf eine Minimaldefinition, die das Romantische in seinem populären Gebrauch ernstnimmt, umfasst dieser schließlich die wesentlichen Aspekte, auf denen meine Beobachtungen aufbauen.

Ein erstes Merkmal dieses stereotypen Romantikbegriffs lässt sich Stefan Matuscheks Aufsatz »Literarischer Idealismus, Oder: Über eine mittlerweile 200-jährige Gewohnheit, über Literatur zu sprechen« entnehmen. Der Germanist geht dem erstaunlichen Fortleben eines »kategorialen literarischen Idealismus« nach, der um 1800 in die Welt gesetzt wurde und seither dafür sorgt, dass die Literatur als »infinite Idee« diskutiert werden kann.[10] Dankbar ist Matuscheks Beitrag insbesondere, weil er Kehlmann als stereotypen Vertreter dieses romantischen Idealismus anführt, zu dessen Selbstverständnis – das Matuschek mit einer Wendung Kehlmanns im ›»Primat des scheinbar unstrukturierten, sprudelnden Erzählens‹« identifiziert – es gehört, dass die Literatur nicht produktionsästhetisch über eine erlernbare Regelhaftigkeit des Schreibens, sondern von einem fertigen – eben idealisierten – Produkt her gedacht wird. Als solches ist die Literatur schon immer gegeben und äußert ihr Wesen in allgemeinen, ihrer Geschichtlichkeit enthobenen Ideen. Bei einem Schriftsteller wie Kehlmann schlägt sich das darin nieder, dass er sich im Sprechen über sein Schreiben »in einen Philosophen« verwandelt, der über das »kunstphilosophisch Allgemeine« oder die Literatur als »fundamentale Menschheitsangelegenheit« räsoniert.[11] Das gilt für das Reden über die Literatur, es trifft aber auch auf das literarische Schreiben des Autors selbst zu. Dabei dient ihm die Schrift als Medium, um – aus sich selbst schöpfend – sowohl das Individuum als auch die Welt expressiv hervorzubringen. Gleichzeitig gilt der literarische Text als Nachweis jener Menschlichkeit und humanen

Welt, als deren Schatzmeisterin die Romantik die Literatur ins Rennen schickt.

Dieser stereotype Begriff eines romantischen Selbstverständnisses, das das Autor-Ich ins Zentrum rückt und das literarische Schreiben zum Pfand einer unverbrüchlichen Menschlichkeit und humanen Welt erhebt, deckt sich mit Benses Begriff einer natürlichen Poesie, die er 1962, drei Jahre, nachdem die maschinelle Textproduktion in Deutschland durch Theo Lutz in dem neu eingerichteten Recheninstitut der TU Stuttgart eingeläutet worden war, von der künstlichen, an die Funktionsweise des Computers angepassten Poesie erstmals absetzte. In der natürlichen Poesie, die Bense mehr oder weniger mit der konventionellen Literatur gleichsetzt, steht das Autor-Ich – ähnlich wie im populärromantischen Verständnis – als »personales poetisches Bewußtsein mit seinen Erfahrungen, Erlebnissen, Gefühlen, Erinnerungen, Gedanken« im Mittelpunkt.[12] Dieses lebensweltlich verankerte Bewusstsein des Individuums setzt eine »präexistente Welt« schon immer voraus, sodass der »Weltaspekt der Worte« nahtlos auf ein Ich bezogen werden kann.

Im Gegensatz dazu kappt die künstliche Poesie die Beziehung der Worte einerseits zu einem Ich, andererseits zu einer Welt, die wie im Blick durch ein Fenster transparent in Erscheinung gebracht werden soll. Die künstliche Poesie hat ihren

»materialen Ursprung«[13] somit in Worten, die selbstreferenziell, als eigenständiges Material nach mehr oder weniger klar definierten Regeln bearbeitet werden. Idealtypisch werden die Regeln von Maschinen – im Fall von Computern also von Algorithmen oder Programmen – ausgeführt, wobei Bense, im Anschluss an die experimentelle Literatur der Nachkriegsavantgarden, das Schreiben für eine händische Bearbeitung durch den Menschen offenhält, sofern dieser seine Schreibweise der Logik der Maschine unterwirft.

Benses Unterscheidung ist auch deshalb aufschlussreich, weil sie deutlich macht, dass das populärromantische Modell von Anfang an als Negativfolie in die Definition der computergenerierten Literatur eingewandert ist. Nur in Bezug darauf konnte sie ihr scharfes Profil gewinnen, eine Idee von Texten in die Welt zu setzen, die angeblich ohne ein »personales poetisches Bewußtsein« und ohne lebensweltliche Bezüge auskommen. Dass die Abkehr dann aber nicht so glatt verläuft, wie Bense und die Informationsästhetik es gerne haben wollen, ist mit ein Grund, warum die computergenerierte Literatur heute wieder ohne größere Turbulenzen in ein romantisches Fahrwasser einscheren kann und das Reden über Computer und die computergenerierte Literatur neuerdings von jenem dominanten Gewohnheitsmuster namens Romantik eingeholt worden ist.

Die Anfänge der Computerliteratur

Im Rückblick sollte es noch immer überraschen, dass Rechenmaschinen ab den Sechzigerjahren überhaupt für die Literatur entdeckt wurden. Als im Herbst 1959 in Deutschland der erste an einer Zuse Z22 generierte Text in der von Bense herausgegebenen Literaturzeitschrift *augenblick. zeitschrift für tendenz und experiment* neben etablierten Größen des Literaturbetriebs wie Helmut Heißenbüttel und Nathalie Sarraute abgedruckt wird, sind Rechenmaschinen nur an einer Handvoll Hochschulen verfügbar, hinzu kommen einige Institutionen (wie das amerikanische Battelle-Forschungsinstitut in Frankfurt), Unternehmen (wie Banken oder Versicherungen) oder Elektro-Firmen wie die Siemens AG in Erlangen oder die Standard Elektrik Lorenz AG in Stuttgart, die sich auf das junge Feld des Computerbaus vorgewagt haben. Der Zugang zu Rechenmaschinen ist also höchst privilegiert, zudem setzt ihr Gebrauch gute mathematische Kenntnisse und ein nicht-standardisiertes Fachwissen des Programmierens voraus, das erst entwickelt werden muss und das unter Autorinnen und Autoren kaum zu finden ist (was erklärt, warum die Pioniere der maschinellen Textproduktion Ingenieure sind). Selbst Bense wird als promovierter Physiker, obschon er die Programmierung theoretisch zum Goldstandard der Literaturproduktion erhebt, das Programmieren mit seinen handwerklichen Mühen nie erlernen. Dort, wo Bense als Prosaautor einzelne literarische Textpassagen mithilfe eines Computers erstellt, holt er sich stets Hilfe von Fachleuten, die die Arbeit am Computer für ihn erledigen. Für das Verständnis, wie der Computer zu einer literarischen Maschine werden kann, ist das entscheidend: Ihre Bedeutung gewinnen die Rechenanlagen nicht als praktisches Werkzeug, sondern als theoretische Projektion und »ideale Verkörperung abstrakter Funktionen«.[14]

Wie aber kommt es nun dazu, dass die seinerzeit noch raumfüllenden Apparate der Spitzentechnologie, die wenig mit der Kultur der schönen Künste zu tun haben, zur Blaupause des Schreibens werden konnten? Auch in dieser Hinsicht ist die technische Leistung der neuen Rechenmaschinen weitaus weniger ausschlaggebend als die kulturelle Konstellation des literarischen Schreibens, auf die der Computer in der Nachkriegszeit trifft.

Nach dem Ende des Zweiten Weltkriegs suchen viele Autorinnen und Autoren nach neuen Ansätzen für das Schreiben; unter den literarischen Traditionen, auf die sie zurückgreifen könnten, genießt die Romantik mit Abstand den schlechtesten Ruf. Insbesondere in Deutschland hält sich der Verdacht, dass ein Schicksalszusammenhang zwischen der Romantik, dem Faschismus und Hitler bestehe,[15] zählen doch die Nationalisierung der Kultur und Literatur sowie die Beschwörung des Volks und der Volkstümlichkeit fraglos zum Erbe der (restaurativen) Romantik. So erklärte Johann Gottlieb Fichte in seinen *Reden an die deutsche Nation* (1807/8) etwa, dass die deutsche Einheit, die »als gemeinsames Ganzes fast nur durch das Werkzeug des Schriftstellers, durch Sprache und Schrift«, zusammengehalten werde, zum »heiligsten Amt des Schriftstellers« gehöre.[16]

Es braucht daher nicht viel, um die Romantik zum Feindbild der westeuropäischen Neoavantgarden werden zu lassen, zum Inbild dessen, was mit der Literatur alles falsch gelaufen ist. Stattdessen sollen in einer vehementen Abkehr von romantischen Prämissen Subjektivität, Expressivität oder die Intuition im produktionsästhetischen Prozess eliminiert und durch objektive und rationale Prinzipien ersetzt werden. Typischerweise übersetzt sich das – in einer zur romantischen Innerlichkeit diametral gegenläufigen Bewegung – in eine Veräußerlichung und Regelhaftigkeit des Schreibakts, wobei die Neoavantgarden hier an die historischen Avantgarden anschließen können. Als Resultat wird die Selbstreferenzialität der Schrift gegenüber lebensweltlichen Sinndeutungen betont.

Beispielhaft dafür ist die Konkrete Poesie, deren Programm Eugen Gomringer 1954 in der *Neuen Zürcher Zeitung* unter dem Titel »vom vers zur konstellation. zweck und form einer neuen dichtung« präsentiert. Zwar stellt der Versuch, die Sprache zu vereinfachen, zu objektivieren und materialistisch auf sich selbst zurückzufalten, auch einen Reinigungsakt dar, der seinen soziohistorischen Hintergrund im propagandistischen Missbrauch der Sprache durch den Nationalsozialismus hat. Doch so wesentlich sie sind, die Erfahrungen des Faschismus und der Gewalt des Kriegs sind bei Weitem nicht der einzige Grund für das Interesse an objektiven, rationalen und nicht selten mathematisch inspirierten Schreibverfahren. In Gomringers Zuschnitt will die Konkrete Poesie schließlich das literarische Schreiben auch an die »schnellere kommunikation« des elektronischen Zeitalters anpassen (als Referenz der neuen Kommunikationstechniken dienen Gomringer »ferngespräch« und »funk«): Denn »der heutige mensch will rasch verstehen und rasch verstanden werden«. Diesem Gebot einer reibungslosen Kommunikation soll sich nun auch das literarische Schreiben bis ins Schriftbild hinein fügen: »das angenehmste und rationellste schriftbild wird erreicht durch die kleinschrift.«[17]

Eine rationale Ästhetik

Max Bense steigt in den 1950er-Jahren zum international bestens vernetzten Cheftheoretiker der Konkreten Poesie auf; parallel dazu entwickelt er die Informationsästhetik, mit der er sowohl die Kunst- und Literaturwissenschaft als auch die künstlerische und literarische Praxis auf ein naturwissenschaftlich-mathematisches Fundament stellen will.[18] Die computergenerierten Texte sieht er dabei zwar nicht kommen. Als er überraschend von Theo Lutz' Versuchen im hauseigenen Recheninstitut erfährt, realisiert er aber schnell, dass seine Theorie der Informationsästhetik mit den rechenbasierten Texten »nachträglich auf ihr genuines Objekt« gestoßen ist.[19] Hier, in der maschinellen Programmierbarkeit von Texten, erkennt Bense nun das theoretische Ideal einer mathematisch-rationalen Texterzeugung, mit der das individuelle Autorsubjekt ausgeklammert werden kann. Nirgends sonst wird die antiromantische Poetik mit ihrer Maxime einer Literatur, die in »subjektlosen Sätzen subjektloser Poesie« gipfeln soll,[20] so konsequent eingelöst wie in einem Konzept des Schreibens, das die Texterzeugung direkt an die Maschine koppelt. Bei Bense führt das zu einer Radikalisierung seiner theoretischen Prämissen. Kaum hat er die Programmierbarkeit zum neuen Maß eines subjektlosen und berechenbaren Schreibens erhoben, hält er konkreten Poeten wie Franz Mon vor, dass ihre Texte noch zu intuitiv – sprich: zu sehr von subjektiven, vor allem auch irrationalen Neigungen geleitet – seien. »Seit Markoff – und das heißt mindestens seit 1914 – wissen wir, dass die materiale Eigenwelt der Texte auf einer statistischen Buchstaben- und Wortverkettung beruht«,[21] belehrt Bense seinen Kollegen aus der Stuttgarter Gruppe und verschweigt dabei großzügig, dass auch er selbst erst im Vorjahr durch einen schwäbischen Elektrotechnikstudenten erfahren hat, dass sich Texte nicht nur statistisch-stochastisch analysieren lassen (wie es noch für den russischen Mathematiker Andrej A. Markov gegolten hat), sondern mit den neuen Rechenmaschinen eben auch generieren.

Allerdings verläuft die Einpassung der Literatur ins Schema des Computers nicht komplikationsfrei. Ein wesentliches Dilemma liegt darin, dass sich die deduktive Logik der Computerarchitektur schlecht mit dem Neuen und der Originalität verträgt, Kategorien, an denen die Informationsästhetik trotz ihrer antiromantischen Stoßrichtung emphatisch festhält. Die Lösung dafür bringt erst der Zufall. »Es ist klar«, schreibt

Bense, »dass durch die Einführung des Zufalls mit Hilfe der sogenannten Zufallsgeneratoren es auch der Maschine unmöglich ist, ein Produkt identisch zu wiederholen«,[22] das heißt: Erst der Zufall garantiert, dass der Output nicht einfach dem Input entspricht. Bense notiert das in einer Quasiformel: »Programm → Computer + Zufallsgenerator → Realisator.«[23] Kraft des Zufalls, so Bense, »bleibt der singuläre Charakter auch des maschinell erzeugten ästhetischen Objekts gewahrt, es zeigt seine pseudoindividuelle und pseudointuitive Note.«[24] Dass es sich nur scheinbar um Formen der Individualität und Intuition handelt, liegt nicht nur daran, dass diese Begrifflichkeiten in Bezug auf Computer kaum (oder nur metaphorisch) einen Sinn ergeben. Vielmehr lässt die Architektur des Computers auch keinen objektiven (oder ontologischen) Zufall zu, weil die rechenbasierten Prozesse formal-logischen Gesetzmäßigkeiten gehorchen. »Es gibt keine Zufallszahlen, es gibt nur Methoden zur Erzeugung von Zufallszahlen«, so der Mathematiker John von Neumann, nach dem die Architektur der modernen Digitalcomputer benannt ist: »Wer über arithmetische Methoden zur Erzeugung von Zufallszahlen nachdenkt, befindet sich unweigerlich im Zustand der Sünde.«[25]

Bedeutsam ist demnach auch hier die theoretische und strategische Funktion, die dem Zufall zugeschrieben wird.[26] Theoretisch orientiert sich die Informationsästhetik vornehmlich am stochastischen Zufall (das heißt an statistischen Zufallsfolgen, die mit einem Zeitlichkeitsindex versehen sind). In der Praxis gestaltet sich dies jedoch anders: So veröffentlicht Theo Lutz, der für das erste an einem Computer generierte Gedicht in deutscher Sprache verantwortlich ist, seine maschinell erzeugten Zeilen zwar unter dem generischen Titel »Stochastische Texte« (der Titel steht im Plural, obwohl 1959 nur ein einzelnes Gedicht in der *augenblick* abgedruckt ist). In einem Kommentar, den Lutz den ausgewählten Zeilen voranstellt, räumt er aber ein, dass für die Stochastik ein weiteres »Oberprogramm« notwendig wäre, das es dann zusätzlich ermögliche, dass die Maschine »lernt«.[27] Dass Lutz in Bezug auf seine generierten Zeilen durchweg von stochastischen, nicht von simplen (kombinatorischen) Zufallstexten spricht, geht vermutlich auf Bense und seine Bemühungen um eine »statistische und technologische Ästhetik« zurück,[28] der sich auch hier für die Theorie interessiert, weniger für die Praxis und das, was damals technisch implementierbar ist. Algorithmen, die stochastische Prozesse modellieren, werden erst später entwickelt.

Zufallsordnungen

Die opportunistische Vermischung kombinatorischer und stochastischer Zufallsprinzipien ist für die frühe Computerliteratur charakteristisch, wobei in der Praxis häufig nur erstere Anwendungen finden, in der Theorie hingegen letztere bevorzugt werden. Theoretisch virulent ist die Stochastik aufgrund ihrer Beziehung zur Informationstheorie. In seiner ebendiese Theorie mitbegründenden *Eine Mathematische Theorie der Kommunikation* (1948) demonstriert Claude E. Shannon, wie er, beginnend mit einer willkürlichen Buchstabenfolge (»xfoml rxkhrjffjuj zlpwcfwkcyj ffjeyvkcqsghyd qpaamkbzaacibzlhjqd«), durch die Einführung verschiedener statistischer Parameter einen Satz erhält, der grammatikalisch annäherungsweise korrekt ist und einen vermeintlichen Sinn aufweist (»the head and in frontal attack on an english writer that the character of this point is therefore another method for the letters that the time of who ever told the problem for an unexpected«).[29] Das stiftet die Vorstellung, dass die Schrift – ohne das Zutun eines menschlichen Subjekts – selbstständig aus statistischen Prozessen hervorgehen könnte, was bereits 1949, im selben Jahr, in dem *Die Mathematische Theorie der Kommunikation* (nun mit bestimmtem Artikel) als Monografie erscheint, Shannons Kollege, den Bell Labs-Ingenieur und Science-Fiction-Autor John R. Pierce, dazu veranlasst, nach der Bedeutung der Informationstheorie für die Literatur zu fragen: »Angeblich ist geschriebenes Englisch über lange Strecken kohärent, weil der Schreiber einen übergeordneten Zweck verfolgt«, so Pierce: »Oder rührt die Kohärenz nicht vielmehr daher, dass der Autor seinen Text unbewusst so konstruiert, dass er bestimmten statistischen Regeln für große Reichweiten gehorcht?«[30] Pierce geht aber noch weiter: Was, wenn hinter den Sätzen tatsächlich die Statistik stünde? Hieße das nicht, dass die Statistik, weniger der menschliche Geist, die Autorin der Sätze ist? »Wessen Bedeutung und wessen Geist schweifen [in den statistisch generierten Sätzen, P. S.] umher?« – der Geist der statistischen Mathematik oder jener der menschlichen Subjekte?

Pierce lässt die Frage offen (und auch Shannon kann sich für derlei Gedankenspiele nicht erwärmen). Dennoch fasst die Vorstellung vom Geist als Statistiker – systematisch zunächst in der Psychologie vollzogen – Fuß. Wie der Psychologe Gerd Gigerenzer zeigt, lässt sich die Kognitionspsychologie der 1960er auf die Einführung der Statistik in die Psychologie zurückführen:

> In der experimentellen Psychologie wurde die Inferenzstatistik beinahe zum Synonym für wissenschaftliche Methoden. Die Inferenzstatistik lieferte dann wiederum einen großen Teil der neuen Konzepte für die mentalen Prozesse, die die sogenannte kognitive Revolution seit den 1960er-Jahren angetrieben hat.[31]

Eine »neue Analogie zwischen dem Geist und dem Statistiker«, die in der Idee des »Geistes [*mind*] als intuitiver Statistiker« beziehungsweise einer »intuitiven Statistik« gipfelt, ist damit geschaffen.[32]

Das bildet dann wiederum eine Grundlage für den Strang der KI, die heute triumphiert: neuronale Lernarchitekturen, wie sie der Psychologe Frank Rosenblatt erstmals 1957 mit seinem Perzeptron als statistisch-induktiver Maschine präsentiert. Das Perzeptron ist einerseits ein physischer Apparat, der mithilfe von Fotozellen einfache visuelle Schemen identifizieren und unterscheiden kann. Für Rosenblatt ist das Perzeptron andererseits aber »zuallererst ein Gehirnmodell«, mit dem er die physische Struktur der »natürlichen« (menschlichen) gegenüber der »künstlichen« Intelligenz erforschen will.[33]

Ich werde auf Rosenblatt zurückkommen. An dieser Stelle ist lediglich von Interesse, dass die frühe Computerliteratur auf zwei Zufallskonzepte zurückgreifen kann. In beiden Versionen, als kombinatorischer und stochastischer, geht der Zufall als ordnungsstiftende Kategorie in die Informationsästhetik ein – und nicht als ordnungssprengende Kategorie, wie es noch für die historischen Avantgarden der Fall war und etwa durch Tristan Tzaras »Um ein dadaistisches Gedicht zu machen« von 1920 Berühmtheit erlangte, das die lyrische Anleitung für eine Zufallsproduktion liefert, indem ein Zeitungsartikel zerschnitten, die Schnipsel in einen Hut geworfen und anschließend wieder aus dem geschüttelten Hut hervorgezogen werden. Besonders deutlich wird die ordnungsstiftende Funktion des Zufalls für die Computerliteratur in der Beziehung, die die Informationsästhetik zwischen dem Zufall und der Kreativität herstellt. Aufgrund der Identifikation des Zufalls mit der Kreativität stellt nämlich das, was der Zufall produziert, keinen Unsinn mehr dar, vielmehr müssen die generierten Texte als Ausdruck einer neuen Ordnung verstanden werden – selbst dort, wo sie einem landläufigen Verständnis nach kaum einen Sinn ergeben oder absurd erscheinen. »Nicht jeder Blick ist nah. Kein Dort ist spaet. / Ein Schloss im frei und jeder Bauer ist fern. / Jeder Bauer ist fern. / Ein Tag ist spaet [...]«[34] – so lauten etwa die ersten Zeilen von Lutz' Gedicht, dessen Wortkorpus (auf Empfehlung Benses hin) Franz Kafkas Roman *Das Schloss* entnommen ist. Keinen dadaistischen Unsinnstext, der die bildungsbürgerlichen Leserinnen und Leser vor den Kopf stoßen soll, meinen die Informationsästhetiker in den Zeilen zu entdecken, sondern ein Kondensat von Kafkas Roman und Poetologie.

Die Informationsästhetik also führt den Zufall als Ordnungskategorie ins Feld, darüber hinaus meint sie aber auch, damit den Schlüssel für eine künstliche *und* die menschliche Kreativität gefunden zu haben. Dieser Schritt ist bedeutsam. Denn das sorgt dafür, dass die computergenerierte Literatur nicht länger auf einen experimentellen Bereich beschränkt bleibt, sondern ihre Geltung – nur wenige Jahre nachdem die ersten maschinellen Erzeugnissen im Umlauf sind – auf das gesamte Feld der Kunst und Literatur ausdehnen kann. Besonders anschaulich zeigt sich das im Bereich der Bildenden Kunst, in der die theoretischen und ideologischen Differenzen während des Kalten Kriegs am heftigsten ausgefochten werden.

Neue Frontstellungen

Ausgehend von der Frage nach dem Geltungsanspruch der computergenerierten Kunst, kommt es 1965 im Philosophischen Institut der Technischen Universität Stuttgart zu einem Streit, über den sogar der *Spiegel* berichtet.[35] Anlässlich der ersten Ausstellung computergenerierter Grafiken von Frieder Nake und Georg Nees, zwei Schülern Benses, stellt Nees seine Grafiken in Benses Kolloquium vor. Geladen ist ein breites Publikum, darunter örtliche Kunstschaffende, im Verlauf des Vortrags stellt sich eine wachsende Unruhe ein. Der Stuttgarter Maler und Grafiker Heinz Trökes fasst den Unmut schließlich in Worte: Trökes »[...] fragte mich«, erinnert sich Nees, »ob der Computer auch einen Duktus könne, das heißt eine persönliche Handführung. Ich antwortete, dass dies möglich sein müsse, wenn es gelänge, den Duktus in die Form eines Computerprogramms zu fassen.«[36]

Während Trökes dem Tachismus nahesteht, das heißt, das spontane und unbewusste Künstlersubjekt führt – ähnlich wie im abstrakten Expressionismus – den Pinsel und verrät darin eine untilgbare, dem Menschen eigene Persönlichkeit, meint die Informationsästhetik, den organischen und psychophysiologischen Akt mechanisieren zu können. »Die Hand des Malers«, so erklärt Nake die Analogie zwischen dem menschlichen und maschinellen Malakt,

> führt ja eine Irrfahrt über einem Ebenenstück aus und setzt dabei von Zeit zu Zeit ein Werkzeug auf die Fläche, um dort Farben anzubringen. Der Augenblick und der Ort, wo sie sich senkt, entspricht der Entscheidung, in dem dort befindlichen Elementartfeld ein Zeichen anzubringen. Fährt die Hand mit gesenktem Werkzeug weiter (Pinselstrich, Linienzug), so entspricht das laufend Entscheidungen über nächste Elementarintervalle.[37]

Abstrakte oder tachistische Bilder vor Augen, beugen sich die Informationsästhetiker über die neuen Zeichenmaschinen und beobachten gebannt deren beweglichen Teleskoparm, der sich angeblich wie die menschliche Hand auf unvorhersehbare – und das soll eben auch heißen: auf zufällige (stochastische) und deshalb auf formalisierbare sowie berechenbare – Weise über das Blatt bewegt. In Benses Kolloquium bilden sich darüber zwei Lager, die unversöhnlich auseinandergehen: »Die Künstler waren sauer«, berichtet Bense, »sie fühlten sich in ihren Schöpfungsmöglichkeiten bedroht.«[38]

Doch nicht nur das. Bense geht sogar so weit, Kunstwerke gemäß einem mathematisch berechenbaren »ästhetischen Koeffizienten« zu benoten. Den informationsästhetischen Prämissen zufolge ist Rubens besser als Rembrandt. Wie der *Spiegel* zu berichten weiß, lässt sich aber auch das Werk eines einzelnen Künstlers gemäß einer numerischen Rangordnung bewerten:

> Mit derselben Methode wurden zwei Rembrandtsche Handzeichnungen von Hendrickje Stoffels miteinander verglichen: das »Schlafende Mädchen« und das »Mädchen am Fenster«. Hendrickje im Schlaf bekam den Kunst-Koeffizienten 0,0167, Hendrickje am Fenster brachte es nur auf 0,0076.[39]

»Es war Benses Aufruf zur Entmythologisierung des schöpferischen Prozesses, in dem sich jene junge Künstlergeneration wiederfand, die des Tachismus und des Abstrakten Expressionismus überdrüssig geworden war«, so beschreibt Margit Rosen den Konflikt zwischen den Parteien: »Der Kult um das Unbewusste, die Spontaneität, das Irrationale und das Genie hatte an Anziehungskraft verloren.«[40] Frieder Nake, der sich ab den Siebzigern von Bense und der rationalen Ästhetik distanziert, schreibt im Rückblick: »Als junger Mann mochte und liebte ich diese ganze Haltung. Alles in der Welt würde rational, mathematisch und objektiv sein. Alles andere war völlig uninteressant.«[41]

Ähnliches ließe sich im Bereich der Schrift zeigen, auch wenn die Sachlage aufgrund der Semantik der Schriftzeichen dort deutlich schwieriger zu fassen ist.[42] Dennoch stützt der Eklat an der TU Stuttgart meine eingangs geäußerte Behauptung, dass eine Reise wie die Kehlmanns nach Palo Alto in den Sechzigern kaum denkbar gewesen wäre. Dazu waren die ideologischen Fronten zwischen einem romantischen und einem antiromantischen Kunst- und Literaturverständnis zu sehr verhärtet, was auch deshalb hervorzuheben ist, weil es zeigt, dass Bense das Feld mit den Kategorien der natürlichen und künstlichen Poesie nicht einfach in dem Sinn teilt, dass jede Partei ihre Spielwiese hat: auf der einen Seite die Romantikerin (oder der herkömmliche Autor), auf der anderen die neuen Ingenieure der rechenbasierten Textverarbeitung, wobei beide ihren Bereich nach eigenem Gusto beackern können. Vielmehr sind die natürliche und künstliche Poesie Konkurrenzprodukte, über die Vormachtstellungen auf dem literarischen Feld ausgehandelt werden. Die unterschiedlichen Ansätze leiten sich dabei nicht nur aus unterschiedlichen Poetiken ab, sondern sind an kaum vereinbare theoretische Prämissen und philosophische Überzeugungen gebunden.

Wie die Kunst kreativ wurde

Möglich wird die direkte Gegenüberstellung und Überblendung des menschlichen mit dem maschinellen Schreibakt nur auf der Grundlage der Kreativität. Dass die Kreativität sich als unentbehrlich für die Theorie der frühen Computerliteratur erweist, ist insofern bemerkenswert, als ihre Entdeckung selbst nur wenige Jahre älter als die Anfänge der Computerliteratur ist. 1950 diagnostiziert der amerikanische Kognitionspsychologe Joy Paul Guilford im Fehlen einer psychologischen Kreativitätsforschung noch einen »haarsträubenden Mangel«.[43] Sein Appell trifft einen Nerv. Um 1950 bricht die Kreativität »plötzlich und massiv in die psychologische Forschung ein[...]«.[44]

Kurz zuvor hat der Werbefachmann Alex Osborn die Kreativität schon als neu zu entdeckendes Selbstermächtigungswerkzeug für alle angepriesen. In *Your Creative Power. How to use Imagination* (1948) präsentiert sich Osborn seiner Leserschaft als »creative coach«,[45] der die Kreativität und Imagination als allgemein erlernbare Kompetenz vorstellt, die dem Individuum ebenso wie Unternehmen den Erfolg in einer wettbewerbsorientierten Gesellschaft garantieren soll. Osborn prägt dafür sogar einen Neologismus, der die Imagination mit der Ingenieurskunst verschwistert: »imagineering«.[46]

Die Kreativität kann zwar an gängige – romantische – Konzepte wie Genie, Originalität, Intuition oder Spontaneität anschließen. Wie Samuel W. Franklin in *The Cult of Creativity. A Surprisingly Recent History*, seiner Studie über Kreativität in den 1950ern und 1960ern, schreibt, muss die Kreativität aber als grundsätzlich neues Konzept verstanden werden: »Es ist kein neues Wort für alte Ideen, sondern eine Möglichkeit, Gedanken auszudrücken, die sich zuvor nicht artikulieren ließen.«[47] Allerdings lässt sich das Neue der Kreativität gar nicht so leicht dingfest machen. Zumal die definitorische Unschärfe zu ihrem Erfolgsrezept gehört und es überhaupt erst erlaubt, dass sie auf eine Vielzahl von Bereichen (Wirtschaft, Psychologie, Biologie, Kunst etc.) und Phänomenen (Alltagsverhalten, Problemlösungskompetenz, wissenschaftliche Errungenschaften, Kunstwerke) projiziert werden kann. Als kleinster gemeinsamer Nenner gilt anfangs »die Fähigkeit, etwas Neues und Nützliches hervorzubringen«, eine Formulierung, die sich am US-Patentgesetz orientiert,[48] was die Nähe des Kreativitätsbegriffs zur Wirtschaft sowie seine generelle Anwendungsorientierung verrät.

Instrumentell ist die Kreativität dabei in mindestens doppelter Hinsicht: Erstens wird das Neue mit der Nützlichkeit verschmolzen (was einem klassisch romantischen Kunstverständnis offensichtlich widerspricht). Zweitens soll die Kreativität anhand messbarer Kriterien verwissenschaftlicht werden, um Kreativitätstypen zu identifizieren oder das Verhalten anhand einer Kreativitätsskala bewerten zu können; die Kreativitätsforschung fügt sich in dieser Hinsicht in das Feld der experimentellen Psychologie und Psychometrie (die darin auch für die Anfänge der KI-Forschung unabdingbar ist). Insgesamt wird die Kreativität also als erlernbares und das heißt regelbasiertes Phänomen und Vermögen entworfen, das unterschiedslos im Bereich der Biologie, Ökonomie, Technik und Kunst zu finden ist und gleichermaßen das Resultat einer Handlung oder eines Vermögens wie die Eigenschaft eines Produkts darstellen kann.

Für die Allianz, die die computergenerierte Literatur mit der Kreativität eingeht, ist der instrumentelle Zuschnitt der Kreativität entscheidend. Denn das ist der Schlüssel, um das Kunstschaffen von einem romantischen Akt, der vermittels Intuition, Genie oder Neuem auf eine regellose und unergründliche Art und Weise im Inneren des Subjekts lokalisiert ist, in einen antiromantischen Akt zu verwandeln. Erst diese Transformation, mit der das Malen und Schreiben als Resultat eines kreativen – und das heißt eben eines funktionalen, formalisierbaren und quantifizierbaren – Verhaltens erschlossen wird, macht es also möglich, Kunst und Literatur mit dem Computer als abstrakte Idee zu verschalten.

Allerdings stehen dabei nicht nur die generierten Werke zur Disposition, sondern, wie bereits Benses ästhetischer Koeffizient zeigt, die Definition der Kunst und Literatur an sich. Die Umwidmung der Kunst und Literatur in Produkte der Kreativität zielt deshalb aufs Ganze. Denn mithilfe der von der Informationsästhetik zur neuen Masterkategorie erhobenen Kreativität soll fortan entschieden werden, wer im Recht darüber liegt, ob die »echte Literatur« (Kehlmann) aus einem spontanen, nicht erlernbaren Akt hervorgeht, der genuin menschlich ist. Oder ob sie das Produkt von regelgeleiteten und algorithmischen Gesetzmäßigkeiten ist, die deshalb auch von einer Maschine berechnet und erzeugt werden können. Letzteres hieße dann eben auch, dass ein Künstler wie Trökes oder ein Literat wie Kehlmann genau dort, wo sie ihrer persönlichen (aber das heißt zugleich eben auch einer allgemeinen, fundamentalen) Menschlichkeit am nächsten zu kommen meinen – sei es im spontanen Pinselstrich oder im frei sprudelnden Erzählen – ein mechanisches und automatisierbares Verhalten an den Tag legen.

Bezeichnend ist die Wahl, die Kreativität zur neuen Schiedsrichterin über das Wesen der Kunst und Literatur zu erheben, weil die Tradition einer philosophischen Kunst- und Literaturkritik derart ausgeblendet und im Endeffekt entbehrlich gemacht werden kann.[49] Denn während die philosophische Ästhetik die Kunst als soziale Praxis bestimmt und historisch und philosophisch in gesellschaftliche Entwicklungen einbettet, kann die Kreativität ahistorisch im individualschöpferischen Akt oder Einzelwerk identifiziert und so letztlich eben auch mit nichts weiter als einer Zahl, die den Innovationswert angibt, beziffert werden. In dieser Hinsicht ähnelt die Informationsästhetik der frühen psychologischen Kreativitätsforschung, die allgemeingültige Tests entwirft, mit denen das kreative Vermögen von Individuen objektiv ermittelt und numerisch beziffert wird (was eben auch bedeutet, dass die Tests überhaupt erst festlegen, was als Kreativität zählt und was nicht).

Darüber hinaus steht die formalisierte und verhaltensbasierte Bestimmung der Kreativität im Einklang mit den Entwicklungen auf dem Feld der philosophischen Logik und Computertechnologie, das heißt mit dem Wandel von der Logik zum Verhalten, wie ihn Gabriele Gramelsberger in ihrer *Philosophie des Digitalen* beschreibt:[50]

Eine erste Transformationsphase datiert auf das Mittelalter. Sie liegt im Übergang von der

Semantik zur Grammatik, wie er sich in der Kombinatorik vollzieht (exemplarisch dafür steht die universale Begriffsmaschine des mallorquinischen Logikers, Philosophen und Theologen Ramon Llulls, die automatisch falsche von wahren Sätzen unterscheiden können sollte). Im 19. Jahrhundert leitet der englische Mathematiker George Boole mit seiner Formalisierung der Syllogistik (also der formalen Schlussverfahren der philosophischen Logik) sodann den Wandel von der Grammatik zur Logik ein; das ist die zweite Transformationsphase. Mit ihrer Elektrifizierung ist die formale Logik schließlich einerseits zwar noch bestimmend für die Entwicklung des Computers, für die Anfänge der Programmierung und für die symbolische KI, die bis zum Ende des 20. Jahrhunderts als Synonym für die KI schlechthin gilt. Andererseits beschreiben Mathematiker wie Claude E. Shannon, Norbert Wiener oder Alan Turing (im sogenannten Turing-Test) elektronische Rechenmaschinen auch über das Verhalten. Während die universale Turing-Maschine strikt deduktiv operiert, hebt der Turing-Test auf eine phänomenologische Ebene der Simulation und Täuschung ab. Dagegen beschreiben Shannon und Wiener das Verhalten über die Logik und Statistik (Stochastik), was dann zur Grundlage wird, um das Verhalten selbst – und zwar als vermeintlich geteilte Eigenschaft von Menschen,

Maschinen, Tieren und alphabetischer Schrift (für Letzters zeichnet Shannon verantwortlich) – zu formalisieren, zu mathematisieren und so der Berechnung durch Computer zugänglich zu machen. Die Verschiebung von der (deduktiven) Logik zum (statistischen) Verhalten leitet also eine dritte Transformationsphase ein. Dabei können kategorische Unterschiede, wie die zwischen der Biologie und Elektronik, auch deshalb ohne Weiteres überspielt werden, weil die Konzentration erstens auf äußeren Prozessen liegt, die als Differenz von Input-Output-Relationen gemessen werden. Zweitens verschiebt die Kybernetik die Frage vom Sein (der Ontologie) auf das Machen (die Performanz). In ihrem epochemachenden Aufsatz von 1943, »A Logical Calculus of Ideas Immanent in Nervous Activity«, in dem sie die neuronalen Aktivitäten des Gehirns über die Logik und Algebra erschließen, schreiben die Kybernetiker Warren McCulloch und Walter Pitts:

> Demnach ist unser Wissen über die Welt, uns selbst eingeschlossen, in Bezug auf den Raum unvollständig und in Bezug auf die Zeit unbestimmt. Diese Unwissenheit, die in unserem Gehirn wurzelt, ist die Kehrseite der Abstraktion, die unser Wissen nützlich macht.[51]

McCulloch und Pitts hegen also keine Illusion, dass ihr streng formallogisches Modell des Gehirns eine stark vereinfachte Abstraktion und vom biologischen Gehirn verschieden ist. Daraus leiten sie aber weder ein Desiderat ab, das Gehirn tiefer zu erforschen, noch sehen sie in der Unwissenheit ein Hindernis. Vielmehr wird das Nichtwissen zur Voraussetzung, damit das Modell als abstraktes operativ und in technische Anwendungen überführt werden kann. Insofern dürfte es nicht verwundern, dass die Informationsästhetik diesen Ansatz unbefragt in die Kunst und Literatur tragen kann: Analog zur Intelligenz definiert sie die Kreativität als ein beobachtbares Verhalten, das sich als solches algorithmisch formalisieren lässt. Dadurch wird auch der Verdacht geschürt, dass die menschliche Kreativität von jeher formalisierbaren Gesetzmäßigkeiten gehorcht hat und schon allein deshalb automatisierbar sein muss. Auch hier kommen unterschiedliche Begründungsmetaphern zum Tragen: Auf der einen Seite steht die Stochastik Pate, so etwa mit Shannons stochastischem Alphabet, dem statistisch-induktiven Geist der Kognitionspsychologie oder Rosenblatts neuronalen Netzen. Auf der anderen Seite stiftet der Computer mit der von-Neumann-Architektur und die symbolische KI mit ihrer analytisch-deduktiven Logik das Bild: »Der Schriftsteller, so wie er bis jetzt gewesen ist, ist bereits eine schreibende Maschine«, erklärt Italo Calvino in diesem Sinn:

> [D]as, was in der romantischen Terminologie Genius, Inspiration oder Intuition hieß, ist nichts weiter als empirisch einen Weg finden, der Nase nach, über Abkürzungen gehend, wo die Maschine systematisch und gewissenhaft, wenn auch blitzschnell und simultan vielfältig vorgehen würde.[52]

Der Erfolg der Kreativität liegt also darin, dass sie nicht nur zur Definition der maschinellen Literatur herangezogen, sondern auf die Literatur als Ganze übertragen wird. So besehen, bilden der romantische Schreibakt auf der einen Seite, der maschinelle auf der anderen lediglich zwei Spielarten eines identischen – kreativen – Prozesses.

Der Computer als Aufklärungsmaschine

Im Prinzip kann der Computer so schon Ende der 1960er-Jahre für zwei scheinbar gegenläufige Positionen stehen. Er liefert nicht nur das Prinzip für den maschinellen Bereich der künstlichen Poesie. Sein Geltungsbereich erstreckt sich gleichermaßen auch auf die natürliche Poesie, was letztendlich heißt: Als Idee und abstraktes Prinzip gibt der Computer Auskunft über das gesamte Spektrum der Literatur. Wesentlich hierbei ist, dass der Computer als Inbegriff der Rationalität und wissenschaftlichen Objektivität progressiv als Agent einer Aufklärung ins Feld geführt und so etwa auch zum Angelpunkt für Benses »Aufruf zur Entmythologisierung des schöpferischen Prozesses« (Rosen) wird.

Tatsächlich geht Bense in dieser Hinsicht besonders weit. Ungeachtet der Shoah strickt er ein teleologisches Aufklärungsnarrativ, das von Leibniz bis in die Gegenwart reicht: Dank des Computers und maschineller Texte werde der Mensch seine Bestimmung »als technische Existenz« finden,[53] wobei das technische Sein zugleich das Fundament der technokapitalistischen Gesellschaftsordnung bildet und sich demnach auf sämtliche Bereiche erstrecken soll. Das schließt die Literatur und Kunst ausdrücklich ein: »Man wird sich daran gewöhnen müssen, nicht nur in der Physik, sondern auch in der Ästhetik eine mathematische und eine technologische Sprache anzutreffen und Technik im Dienste der Kunst und Kunst im Dienste der Technik zu sehen.«[54]

Was Bense in eine Großerzählung kleidet, zirkuliert aber auch in kleinerer Münze; hier lautet die Überzeugung, dass der Computer den produktionsästhetischen Prozess als aufklärerisch-rationale Instanz entmystifiziert. »Es verschwinde also der Autor«, so fasst Calvino diese Position zusammen, »um Platz zu machen für einen bewußteren Menschen, der weiß, daß der Autor eine Maschine ist und wie diese Maschine funktioniert.«[55]

Erwähnenswert ist in diesem Zusammenhang, dass die Theorie der computergenerierten Literatur hier an jene historisch kodierte Form der Rationalität anschließt, die Wissenschaftshistorikerinnen und -historiker um Paul Erickson und Lorraine Daston »Cold War Rationality« getauft haben. Mit der Rationalität des Kalten Kriegs bezeichnen sie eine historische Form des rationalen Schlussfolgerns, das sich aus einer Vielzahl von Ansätzen und Methoden speist: »ein buntes Konglomerat aus Spieltheorie, Nuklearstrategie,

Kriegsführung, Bayes'scher Entscheidungstheorie, Systemanalyse, Rational-Choice-Theorie und experimenteller Sozialpsychologie«.[56] Weder als fixer Begriff existierend noch aus einer stabilen Übereinkunft hervorgehend, bleibt die Rationalität des Kalten Kriegs in ihren Herleitungen und unterschiedlichen Ausprägungen umkämpft. Ihre idealtypische Gestalt der Objektivität, Transparenz und Universalität findet sie aber in der algorithmischen Funktionsweise des Computers, was bedeutet, dass sie regelgeleitet, formalisiert und algorithmisch strukturiert ist. Als solche kann sie unabhängig von Personen oder Kontexten blind von einer automatischen Rechenmaschine exekutiert werden.

Die formalisier- und mechanisierbare Form der Rationalität ist an sich nicht neu. Algorithmen lassen sich bis ins Babylonische Reich zurückverfolgen, sie haben also eine lange Karriere, bevor sie einen Bund mit elektronischen Rechenmaschinen eingehen. Matteo Pasquinelli betont in dieser Hinsicht, dass sie ihre Herkunft in sozialen und religiösen Praktiken haben, sie lassen sich also weder auf die Mathematik beschränken noch liegen ihre Ursprünge im Globalen Norden.[57] Wie Erickson und Daston in der Gegenüberstellung zum Aufklärungsdenken des 18. Jahrhunderts zeigen, wird der algorithmischen (und das heißt hier zunächst nur einer regelgeleiteten und mechanisierbaren) Rationalität unter dem Einfluss der Kybernetik während des Kalten Kriegs allerdings erstmalig ein kategorischer Vorrang vor der Vernunft eingeräumt. Obliegt die Entscheidung, wann Vernunft als genuin menschliches Urteilsvermögen, wann ein regelgeleitetes Denken, das mechanisch ausgeführt wird, zur Anwendung kommen soll, einem Aufklärungsdenker wie Immanuel Kant zufolge letztlich der menschlichen Vernunft und kann nur von Fall zu Fall gefällt werden, will die Nachkriegsrationalität das Subjekt hingegen erstens aus jeglichen Entscheidungen herausnehmen. Zweitens meint sie, die algorithmische Rationalität unterschiedslos auf sämtliche Bereiche anwenden zu können. Der realhistorische Hintergrund dafür ist die nukleare Pattsituation zwischen den Vereinigten Staaten und der Sowjetunion, die in einem »Terror der Entscheidungen« resultiert, die »zu schwer wiegen, als dass sie allein der menschlichen Vernunft überlassen werden könnten, die traditionell als vernünftige Abwägung verstanden wurde«.[58] Zwar herrscht weder Einvernehmen darüber, dass die algorithmische Rationalität das Gleichgewicht des nuklear abgesicherten Schreckens gewährleisten kann noch bildet der ideologische Systemkampf einen hinreichenden Grund, um zu erklären, warum die algorithmische Rationalität in den Denkfabriken (wie der RAND Corporation), den *war rooms* des Militärs oder in akademischen Zirkeln gegenüber dem menschlichen Geist und Urteilsvermögen triumphieren kann. Im vorliegenden Kontext ist aber vornehmlich das Resultat von Interesse, sprich die fixe Idee, dass Computer (Algorithmen) nicht nur im militärischen und nuklearen Ernstfall, sondern in sämtlichen Lebensbereichen »besser denken können als der menschliche Verstand«.[59]

Auf dem Feld der Informationsästhetik lässt sich ähnliches beobachten. Mit ihrer gezielten Ausklammerung des Subjekts einerseits, der Rückführung des Schreibens auf die Programmierung andererseits vollzieht die computergenerierte Literatur im Bereich der Literatur und Kunst das, was angeregt durch die Kybernetik in den militärischen und wissenschaftlichen Denkfabriken der Fünfziger und Sechziger auf Disziplinen wie die Politik, Ökonomie, Neurologie oder Psychologie angewendet wird.

1960 vs. 2020

Die Entdeckung der Literatur im Licht des Computers in der zweiten Hälfte der 1960er-Jahre erinnert in vielem an gegenwärtige Debatten. Schon 1965 ist im *Spiegel* zu lesen, dass Computer »Lyrik schreiben, Romane verfassen, Sonaten komponieren, aus dem Chinesischen übersetzen, Schach spielen und ihren wissenschaftlichen Herren als Gesprächspartner dienen«.[60] Und auch heute werden die meisten Calvinos demgegenüber zögerlich wirkende Frage, ob wir »Maschinen haben, die imstande sind, Gedichte und Romane zu erdenken und zu komponieren«, umstandslos bejahen. Dagegen ruft die Frage, inwieweit die Maschine das Autorsubjekt ersetzen wird, trotz der enormen Leistungssprünge noch immer abwägende und abweichende Antworten hervor. So bleibt Calvino diesbezüglich letztlich unentschieden und fragt sich, ob das menschliche Unbewusste die maschinellen Erzeugnisse nicht doch als »Gespenst der Kybernetik« heimsuchen wird. Und auch Bense will das menschliche Autorensubjekt nicht in den Wind schlagen, hält vielmehr am händischen Schreiben fest und findet sein

Ideal schließlich in einem »maschinenanalogen Schreiben«, das darauf basiert, »stochastische Schreibweisen einzuüben« und die mechanische Funktionsweise des Computers händisch nachzuahmen. »Das Team ›Mensch-Maschine‹ ist zu einem wechselseitigen geworden«, erklärt Bense,

> in dem die Maschine (wiederum: mindestens im Prinzip) nicht nur das Bewusstsein des Menschen simuliert, sondern der Mensch unter Umständen den Automatismus der Maschine nachahmt. Eine noch tiefere Partnerschaft lässt sich kaum denken.[61]

Die Parallelen zu heute sind offensichtlich. Was sich in der Gegenüberstellung der 1960er zu heute aber grundsätzlich geändert hat, sind die theoretischen Prämissen und kulturellen Rahmungen, wie Computer und die Beziehung zwischen Computern und der Literatur gedacht werden. Im Zentrum dieses Wandels steht eine Rekonfiguration der algorithmischen Rationalität, die sich mit dem Siegeszug der KI auf der Grundlage statistisch-induktiver Lernmodelle seit den Zehnerjahren des 21. Jahrhunderts sprunghaft herauskristallisiert hat. Wollte man diesen Wandel detaillierter nachzeichnen, müsste man einerseits die 1950er und die Herausbildung der zwei Stränge der symbolischen und konnektivistischen KI näher beleuchten (später werde ich kurz darauf eingehen). Andererseits müsste man die 1960er und 1970er berücksichtigen, als die Kybernetik mit ihrem Versprechen einer neuen Einheitswissenschaft in den Worten Margaret Meads aus dem Jahr 1967 »zerfiel«[62] und die (Computer-)Technik im Schatten des Korea- und Vietnamkriegs als technokratisches Herrschaftsinstrument in Verruf gerät – was sich in öffentlichen Protesten äußert: Nake geht als Pionier der Computerkunst nicht nur gegen den Vietnamkrieg auf die Straße, sondern bricht mit der Computerkunst und rationalen Ästhetik Benses, kulminierend in seinem 1971 erscheinenden Manifest »There should be no Computer Art«.[63] In dieser Phase aber liegen auch die Anfänge der Mikroelektronik, einer ortsunspezifischen Datenverarbeitung und die Durchsetzung einer zweiten Kybernetik, die verstärkt auf Prinzipien der Autopoiesis, Selbstorganisation, Adaptation oder Mustererkennung setzt und sich für (biologische) Computer und technische Artefakte interessiert, die sich »wie Subjekte verhalten«; unter anderem soll das einer Erklärung des Menschen und der Bestätigung seiner »Existenz als nicht mechanisierbares, lernfähiges und kreatives Wesen« dienen.[64]

Für den vorliegenden Kontext aber ist mir lediglich an der schablonenhaften Gegenüberstellung der Fünfziger und Sechziger zu heute gelegen.

Denn damals führt die algorithmische Rationalität dazu, dass der Computer seine Bedeutung als abstraktes Prinzip gewinnt. Das regt zwar ambitionierte Theorien wie Benses künstliche Poesie einer subjektlosen Literatur an, soll die algorithmische Rationalität doch vor allem das literarische Schreiben und die menschliche Kreativität entmystifizieren. Im Vergleich zur Theorie aber bleiben die am Computer erzeugten Texte rudimentär und weit von einem menschenähnlichen Niveau des Schreibens entfernt – Behauptungen wie diejenige im *Spiegel* zeichnen sich nicht einmal im Ansatz ab.

Dieses Verhältnis zwischen ambitionierter Theorie und rudimentärem Textergebnis hat sich im 21. Jahrhundert umgekehrt: Neuerdings ist es die schlichte phänomenologische Evidenz der generierten Texte, die die Vorstellung, dass Maschinen wie Menschen schreiben können (ein Versprechen, das die elektronische Literatur von Anfang an begleitet), zu einer Standarderwartung hat werden lassen. Aber mehr noch. Der rationale Aufklärungsanspruch, das Schreiben zu entmystifizieren, hat sich verflüchtigt und Platz für eine neue Mystik der Maschinen gemacht. Danach gefragt, was sie am meisten an den aktuellen Bild- und Sprachgeneratoren wie Dall-E oder ChatGPT interessiere, antwortet die Künstlerin Hito Steyerl dementsprechend:

> Der magische Aspekt. Es geht darum, mit Wörtern Bilder herbeizuzaubern. Das hat es so noch nie gegeben. Max Weber spricht von Entzauberung: *disenchantment*. Wir haben es mit einem Re-Entchatment [sic] zu tun. Die Chatbots betreiben eine Wiederverzauberung der Welt. Jeder wird ein Hogwarts-Magier und kann seltsame Mischwesen heraufbeschwören.[65]

Im Bereich der Maschinen mag die Mystik zwar eine neue Entdeckung sein, letztlich teilen sie diese aber mit den Menschen, für die seit jeher gilt, dass sie im Kern unerklärlich bleiben.

Der digitalen Literatur ist diese neue Magie der Maschinen, was ihre theoretische Fundierung betrifft, allerdings abträglich. Nicht nur laufen die maschinellen Texte von heute der »Transparenzästhetik«[66] der frühen Computerliteratur entgegen. Auch wird die Künstliche Intelligenz, »[j]e mehr von [ihr] erwartet wird«, so beschreibt Hannes Bajohr dieses Dilemma, umso »menschlicher [...] gedacht«, was dazu führt, dass sie umso »weniger [...] als ein Eigenes gewürdigt« wird.[67] Während also mit dem Verlust der Transparenzästhetik das von Bajohr eingeforderte Eigene der Künstlichen Intelligenz fraglich und in diesem Sinn neu zur Disposition gestellt wird, fügt sich ihre Rezeption entlang menschlicher

Kategorien ins Schema der populären Romantik, die sich über Unergründlichkeit konstituiert. Als Resultat kehrt mit Sprachmodellen wie ChatGPT, darauf verweist Eva Geulen, »eine Opazität der Schreibszene zurück, die sich der Rekonstruktion oder Befragung endgültiger entzieht als je ein romantisches Schreibsubjekt«.[68]

Das ist auch insofern bezeichnend, als die opaken Maschinentexte sich darin als ein Spiegel allgemeiner Entwicklungen offenbaren:

> Die aktuellen maschinellen Lernverfahren sind als artifizielle Technologien immer weniger am Gehirn orientiert und können daher auch über Gehirnvorgänge kaum Aufschluss bringen. Dies führt zu der paradoxen Situation, dass wir mit diesen Technologien weder das Gehirn besser verstehen noch die damit implementierte Maschinenkognition.[69]

Im Blick auf die Literatur lässt sich dem hinzufügen, dass wir trotz der besseren Resultate der Textgenerierung bislang weder das Schreiben noch die Literatur, sei es eine herkömmlich oder maschinell verfasste, besser verstehen.[70]

Wie verhält es sich aber mit dem Rückfall der Algorithmik in die Unergründlichkeit und Magie? Wie mit der Abkehr von der Objektivität, Universalität, Transparenz, Vorhersagbarkeit und einer traditionell logisch-mathematischen Repräsentation der Welt und des menschlichen Denkens? Denn zweifelsfrei handelt es sich bei den maschinellen Lernalgorithmen nach wie vor um »rationale Agenten«,[71] die in der Lage sind, selbstständig Probleme zu lösen und mit einer unbekannten Welt zu agieren. Nur empfehlen sie sich darin eben nicht länger für eine Fortführung des klassisch naturwissenschaftlichen Projekts der Aufklärung, wie es den frühen Theoretikern der Computerliteratur vorschwebte – sei es in einer bildungsbürgerlichen Form, die besagt, dass der Computer die angeblichen Mythen um die Kreativität und das Denken zugunsten eines »bewußteren Menschen« (Calvino) vertreibt, sei es in einer technokratischen Form, bei der, wie bei Bense, das technische Subjekt in ein kybernetisches Environment eingebettet wird, in dem die Verhältnisse zwischen Ordnung und Unordnung sich jederzeit in sämtlichen Bereichen, einschließlich der Literatur, wie im Fall seines ästhetischen Koeffizienten mit mathematischer Präzision bestimmen lassen. Auf dieser Basis hat der französische Kollege Benses, der Informationsästhetiker Abraham Moles, die Funktion der maschinellen Kunst als »Originalitätstankstelle« beschrieben.[72] Als sozialer Innovationsmotor soll die Kunst das Verhältnis von Ordnung und Unordnung, das in einer automatisierten, technokratischen Kontrollgesellschaft Bense zufolge auf die Reproduktion des Immergleichen und folglich eine Stagnation hinausliefe, verlässlich stören.[73] Für die Informationsästhetik sollen Kunst und Literatur so zur Garantie für Innovation und gesellschaftlichen Fortschritt werden, ohne dass sie dabei aber den Rahmen des mathematisch Berechen- und Überprüfbaren verlassen und die Rationalität überschreiten – oder gar in einen Bereich des Nicht- oder Irrationalen abdriften.

Neue Vertrauensverluste

Technokratische Gesellschaftsvisionen sind zwar nach wie vor im Umlauf, Chinas Sozialkreditsystem ist nur das bekannteste Beispiel. Aber auch unabhängig von der Überwachungsthematik haben die digitalen Systeme ihre Glaubwürdigkeit verloren, emanzipative Gesellschaftsordnungen hervorzubringen. So sind die digitalen Technologien im Globalen Norden derzeit mit dem Vorwurf konfrontiert, unsichere und chaotische Verhältnisse zu schüren und die soziale Ordnung der liberalen Demokratien zu gefährden – das gilt für die Sozialen Medien, wobei ein Vorwurf lautet, dass die Systeme die psychologischen Schwächen des Menschen ausnutzen und schlechte Eigenschaften, wie Diskriminierung und Hassrede, fördern. Das gilt aber auch aufgrund von Phänomenen wie der Manipulation von Daten, Fake News oder Deep Fakes, dem automatisierten Finanzmarkt und *Flash Crashs* im elektronischen Handel, der Cybersicherheit oder den unabsehbaren und unkontrollierbaren Folgen der KI, vor deren Folgen Stimmen aus den Chefetagen der Techindustrie, Politik und Wissenschaft nicht erst als Reaktion auf den Erfolg von ChatGPT seit einigen Jahren dringlich warnen.[74]

Zum Großteil rühren die misslichen Folgen zwar aus Effekten der (Digital-)Ökonomie (so etwa mit den proprietären Strukturen der Software oder der Praxis des Datenhandels mit den Profilen der Nutzerinnen und Nutzer), weshalb der Vertrauensverlust gegenüber den technischen Systemen über die logische und technische Funktionsweise der Algorithmen und Computer nur bedingt etwas auszusagen vermag. Im Fall der KI, die den Begriff des Digitalen derzeit dominiert, sind die Abkehr von klassischen Rationalitätsversprechen und die Risiken und Gefahren jedoch ausdrücklich in der Logik und beabsichtigten Funktionsweise der Technik selbst angelegt, die die gesellschaftlichen Subjekte direkt betrifft.

Damit ist aber längst nicht ausgemacht, dass die LLMs und die KI ihre derzeitige Hegemonie aufrechterhalten können. Denn wie sich etwa am Beispiel der Blockchain zeigt, können schwindendes Vertrauen, überzogene Erwartungen und uneingelöste Versprechen rasch zum Sturz führen.

Bis Ende der Zehnerjahre galt die Blockchain noch als nächste große Zukunftstechnologie,[75] die mit der Behauptung für Aufsehen sorgte, den Finanzmarkt und weit darüber hinaus sämtliche digitale Infrastrukturen wie das Internet und letztlich sogar kränkelnde Demokratien generalzuüberholen und auf eine neue technische, durch mathematische Beweisverfahren abgesicherte Basis zu stellen. Die Blockchain gehört zu einem breiten Feld kryptografischer Technologien, die erstmals durch Kryptowährungen wie Bitcoin und Ethereum bekannt geworden sind. Den Startschuss für Bitcoin lieferte der Ausbruch der weltweiten Banken- und Finanzkrise im Herbst 2008, von der die Kryptowährung mit dem Versprechen, Überweisungen ohne zwischengeschaltete Finanzinstitutionen zu tätigen, profitieren konnte. Für den vorliegenden Kontext und im Blick auf die KI sind dabei zwei Aspekte von Interesse.

Erstens belegen die Krypto- und Cypherpunk-Communities, aus deren Umfeld Bitcoin und Blockchain hervorgingen,[76] die digitalen Technologien mit einem fundamentalen Misstrauen. Dieses ist zwar älter als der Boom der maschinellen Lernsysteme, ging die Cypherpunk-Bewegung doch wesentlich aus einer Reaktion auf die Kommerzialisierung des Internets hervor, die in den Achtzigern einsetzte und in den Neunzigern an Fahrt gewann, es richtet sich aber gleichfalls gegen die Digitalökonomie, oder genauer: gegen eine bestimmte Form der Digitalökonomie, die von Staaten und Konzernen reguliert und zentralisiert wird. Das Misstrauen beschränkt sich allerdings nicht auf die Monopolisierung des

Internets, sondern es erstreckt sich auf die Gesellschaft als Ganze. Die sozialen Akteure stehen generell unter Verdacht, die digitale Kommunikation entweder abzuhören oder zu manipulieren. Aus diesem Szenario beziehen die Kryptotechnologien ihre Legitimation: Sie liefern eine technische Lösung (sicheren Datenaustausch), die dann gleichzeitig ein soziales Problem (Misstrauen und Manipulation) beheben soll.

Die Krypotechnologien – und das ist der zweite Punkt, den es lohnt, an dieser Stelle festzuhalten – operieren dabei nach wie vor im Schema der klassisch mathematisch-analytischen Rationalität. Objektivität und Transparenz sollen durch mathematische Beweisverfahren, die technisch implementiert sind, sichergestellt werden. Genau das ist auch das Versprechen der Blockchain-Technologie: Es soll eine absolute Verlässlichkeit der digitalen Systeme garantieren. Als »trustless system«[77] oder »programmierbare Vertrauensinfrastruktur«[78] bezieht die Blockchain ihren Geltungsanspruch daraus, dass sie die Vertrauensfrage (als technisches und soziales Problem) ein für alle Mal überflüssig machen will: Solange ich mich auf die mathematisch implementierten Beweisverfahren verlasse, ist alles Weitere auf zwingende Weise zuverlässig geregelt. »Trust the Math«, so pointiert der Soziologe Nicolai Ruh das anarcholibertäre Credo einer kleinen globalen Elite, die das Vertrauen und Nichtwissen der beteiligten Akteure »auf den nur vermeintlich von lebensweltlicher Kontingenz befreite[n] Wirklichkeitsraum der Mathematik« auslagert.[79]

In ihrem unbeirrten Glauben an die Mathematik und an deduktiv formalisierte Verfahren offenbart die Blockchain-Technologie Parallelen zur algorithmischen Rationalitätsgläubigkeit der *Cold War Rationality* und Informationsästhetik. Mit diesen teilt sie das Vertrauen in eine technisch-mathematische Form der Rationalität, deren Kehrseite ein Misstrauen in die menschlichen Subjekte ist, die entweder aktiv manipulieren oder passiv getäuscht werden.[80] Den Schluss, den sie alle aus diesem Misstrauen ziehen, ist der inzwischen geläufige Topos, dass das Subjekt aus dem Loop genommen werden muss.

Während nun die Blockchain-Technologie unter den börsennotierten Schwankungen und mehreren Skandalen im Bereich der Kryptowährungen erheblich gelitten hat – Trevor Jackson spricht von einem »Sumpf von Betrug, Hacks und Verlogenheit«[81] –, erfährt die KI-Forschung weltweit ungebrochen einen enormen Aufschwung. Seit Jahren kann sie im Technologiesektor die mit Abstand höchsten Investition an sich binden. Angesichts eines stagnierenden Kapitalismus liegen die Hoffnungen der Techindustrie, Ökonomie und Politik daher auf einem ungebremsten

Wachstum der smarten Systeme, Orit Halpern und Robert Mitchell sprechen diesbezüglich von einem *Smartness Mandate*.[82] Das Misstrauen, das die Debatten um die KI begleitet, schließt zwar die menschlichen Subjekte ein, die manipulieren und manipuliert werden. Aber primär richtet es sich auf die technischen Basisoperationen der maschinellen Lernsysteme, die unter dem Zugriff auf massenhafte Daten in unterschiedlichen (wie überwachten und nicht-überwachten) Verfahren trainiert werden. Anfällig sind die Systeme, weil bereits minimale Unstimmigkeiten in den Eingangsdaten für empfindliche Abweichungen im Output sorgen können. Vor allem konzentriert sich die Kritik aber auf die Datenbanken, welche Daten in sie eingehen und wie sie klassifiziert werden, was diskriminierende Verzerrungen nach sich zieht. Die Problematik ist dabei systemimmanent: Man wird »diese Biases-Probleme nicht loswerden, solange man mit datenbasierten Methoden arbeitet«.[83] Das gilt umso mehr, als es keinen übergeordneten Standort gibt, von dem aus die Abweichungen sich objektiv als solche identifizieren ließen, was Matteo Pasquinelli auf die Formel bringt, dass auch die Realität notwendig einen »world bias«[84] aufweise, einfach weil ihre Darstellung und die Werkzeuge zu ihrer Erfassung niemals neutral oder ihrer Geschichtlichkeit und sozialen Einbettungen enthoben seien.

Mittlerweile ist es ein Klischee, dass die maschinellen Lernsysteme opak und fehleranfällig sind und bestehende Klassen-, Race- und Gender-Diskriminierungen reproduzieren. Das heißt jedoch nicht, dass der Anspruch auf Rationalität und Objektivität damit einfach preisgegeben worden wäre. In gewisser Weise ist dieser Anspruch aufgrund der Unzuverlässigkeit der Systeme sogar dringlicher geworden – ein Anliegen, das bezeichnenderweise inzwischen fast alle Beteiligten – von Kritikerinnen und Kritikern der Digitalökonomie über die Politik bis hin zu den Digitalunternehmen – zu teilen scheinen (zumindest nach außen hin präsentieren sich die Konzerne konziliant). Längst ist ein ganzer Apparat entstanden, der sich aus unterschiedlichen Positionen und Perspektiven mit der Prüfung und Kritik der Systeme sowie der Formulierung theoretischer, staatlicher und ethischer Richtlinien beschäftigt. Gefordert werden stabile, nachvollziehbare, faire oder nachhaltige Systeme; kritische Initiativen konzentrieren sich darauf, Verzerrungen aufzudecken, die Systeme transparent und die Firmen für ihre Produkte verantwortlich zu machen, in ihrer Machtkonzentration zu beschneiden oder das Datensammeln zu kollektivieren. Mit zum Teil fließenden Grenzen stammen die Initiativen aus der Politik, Wirtschaft, Wissenschaft und Kunst, zudem sind in den letzten Jahren zahlreiche unabhängige Forschungsverbünde gegründet worden, deren Interessen und Abhängigkeiten nicht selten im Dunkeln bleiben.

Was die Schaffung einer *Trustworthy AI* betrifft, so ist diese inzwischen Regierungssache. Die EU hat sich erstmals 2018 an die Formulierung von »Ethics Guidelines for a Trustworthy AI«[85] gemacht und 2019 einen Entwurf als Teil ihrer Digitalstrategie vorgestellt. Für 2024 ist die Verabschiedung eines weltweit ersten KI-Gesetzes geplant. Besonders umkämpft sind die Themen der »Transparenz, Rückverfolgbarkeit und menschliche Kontrolle«, auf die insbesondere die Lobbyisten der Techgiganten Einfluss nehmen.[86]

In Universitäten und unabhängigen Instituten sind darüber hinaus eine ganze Reihe von Ansätzen entstanden, die sich mit Problemen des Datenschutzes, von Bias oder den Trainingsdaten relevanter Datenbanken beschäftigen. Allgemein wird eine *Algorithmic Literarcy* gefordert, die Methoden der kritischen Überprüfung tragen Namen wie Critical AI, Algorithmic Accountability, Digitale Forensik oder Critical Codes Studies. Es gibt aber auch gesteigerte Bemühungen um technische Lösungsansätze, um die Blackbox der algorithmischen Systeme zugänglich zu machen. Große Erwartungen liegen hierbei im Erklärbaren Maschinenlernen, Explainable AI (XAI).

Für den vorliegenden Kontext sind die Initiativen von Bedeutung, weil sie zeigen, wie wenig vom Computer als idealer Verkörperung von Logik, Rationalität, Objektivität und Transparenz übrig geblieben ist, aus der sich in den Fünfzigern und Sechzigern noch eine ganze Kette an revolutionäre Erwartungen und »anmaßender Analogien«[87] ableitete, die den Computer zum Spiegel des Gehirns oder zur Blaupause des Denkens erhob. Die Metaphern erlaubten es, eine ganze Reihe von Ersetzungen vorzunehmen, mit denen das Wissen erweitert und operationalisiert werden sollte. Die symbolische KI (und Gleiches gilt für die Informationsästhetik) »setzte ihre Hoffnung auf die logische und sprachliche Rekonstruktion menschlichen Denkens *als* Problemlösen, *als* regelfolgendes Schließen, *als* Suche nach Problemlösungsstrategien, *als* Sprachverstehen und so weiter und so fort«,[88] was nicht selten Kurzschlüsse produzierte. So beschrieb Italo Calvino das menschliche Gehirn in den Sechzigern etwa als Schachbrett – »eben weil unser Gehirn ein Schachbrett ist, auf dem Hunderte von Milliarden Figuren aufs Spiel gesetzt sind«.[89] Dieses Bild folgte der damals breiten Übereinkunft, dass die menschliche Kognition im Kern algebraisch-algorithmisch strukturiert sei. Das bedeutete wiederum, dass der Computer als symbolisch-deduktive Maschine den Königsweg zur menschlichen Intelligenz weisen konnte und sollte.

Diese Analogien sind heute brüchig geworden. In Bezug auf Bense und die frühe Computerliteratur ist das nicht frei von Ironie. Die Werte der Rationalität und Transparenz, die die Informationsästhetik aus dem abstrakten Prinzip des Computers ableitete, um sie theoretisch auf das Schreiben und Denken zu projizieren, werden nun von außen an die maschinellen Lernsysteme und computergenerierten Resultate herangetragen. Zwar werden zur Prüfung der Systeme und Datenbanken ebenfalls Algorithmen, Programme und Software eingesetzt. Die technischen Verfahren allein beseitigen die Fragen und Unsicherheiten aber nicht, vielmehr tritt plötzlich eine Interpretationsbedürftigkeit der Modelle und ihrer Resultate zutage, die nicht länger im Rahmen der Informatik geklärt werden kann.

Das Gespenst der Hermeneutik

Für Bense würden die skizzierten Entwicklungen offenkundig eine beunruhigende Botschaft beinhalten, stellen doch selbst Ansätze wie das Erklärbare Maschinenlernen keine befriedigende Lösung dar. Denn unabhängig davon, ob diesen Verfahren ein Erfolg beschieden sein wird oder nicht, werfen sie philosophische Fragen auf, die eben jenes mathematisch-rationale Credo betreffen, auf dem Benses Informationsästhetik und die frühe symbolische KI fußen: »Was bedeutet es, dass ein Modell interpretierbar oder transparent ist? Was ist eine Erklärung? Wann ist ein Modell oder eine Erklärung verständlich?«[90] Nicht nur die Interessen, warum Algorithmen und Modelle interpretierbar sein sollen, gehen in den gegenwärtigen Debatten einer XAI auseinander, vor allem sind die Definitionen der Interpretierbarkeit, sofern überhaupt nach bündigen Definitionen gesucht wird, »vielfältig und gelegentlich uneinheitlich«.[91] Denn verstehen, erklären, nachvollziehen oder interpretieren sind unterschiedliche Konzepte, die unterschiedlich ausgelegt werden können, ohne dass einheitliche oder verbindliche

Definitionen dafür vorlägen. Und die Informatik, die die Interpretation ihrer Ergebnisse durch formale Methoden oder numerische und statistische Metriken vornimmt (Benses »ästhetischer Koeffizient« illustriert das bestens), ist denkbar schlecht gerüstet, Antworten auf philosophische Fragen dieser Art zu liefern. Somit gibt es bislang kein Einvernehmen darüber, wie sich die Forderung nach Interpretierbarkeit in einem technisch-formalen Sinn fassen ließe.[92] In Bezug auf Bense und die Informationsästhetik ist das nicht zuletzt deshalb ironisch, als sein Versuch, die Kunst, Literatur und Geisteswissenschaften auf ein mathematisch-rationales Fundament zu stellen, darauf aus war, Fragen der Interpretation und Hermeneutik ein für alle Mal aus der Welt zu räumen. Mit der KI kehrt das Gespenst der Hermeneutik nun unversehens im Kern der Maschine zurück.

Eine ähnliche Entwicklung – der skizzierte Vertrauensverlust in das simulativ erzeugte Wissen – lässt sich auch in den Naturwissenschaften beobachten. In *Tiefen der Täuschung. Computersimulation und Wirklichkeitserzeugung* analysieren Anne Dippel und Martin Warnke den theoretischen Status der Computersimulation für die Naturforschung. Anhand der Quantenphysik diagnostizieren sie einen epistemischen Wandel, der daraus resultiert, dass Computermodelle an die

Stelle von (mathematischer) Theorie und (physikalischen) Experimenten treten. Während sich die Physik bis in die Mitte des 20. Jahrhunderts hinein an »hoch abstrakten und rein mathematischen Gesetzen« orientierte, wird die Wirklichkeit heute mit massenhaften Daten simulativ erzeugt.[93] Eine Pointe der Studie liegt darin, dass die Computersimulationen das Wissen, das immer auch ein Produkt der Werkzeuge und Medien ist, mit denen es gewonnen wird, verändert (das schließt an Pasquinellis Formulierung eines *world bias* an). Computersimulationen, so Dippel und Warnke, entfalten »eine neue Theorieform auf Weltbeschreibung«.[94]

Gleich mehrere Punkte ihrer Studie sind für die vorliegenden Überlegungen aufschlussreich. Erstens kommen Dippel und Warnke zu dem Schluss, dass Computermodelle auch im Bereich der Naturwissenschaften »zu einem Vertrauensverlust in jede verlässliche Perspektive auf Welterkenntnis« führen.[95] Ein wesentlicher Grund dafür ist, dass Computersimulationen (analog zu LLMs) mit Wahrscheinlichkeiten, das heißt mit keinen mathematisch beweisbaren Wahrheiten operieren: »Simulatives Wissen grenzt Wahrscheinlichkeiten ein – und erzeugt dabei einen nicht zu reduzierenden spekulativen Anteil.«[96] Das allein muss aber noch nicht problematisch sein. Vielmehr deutet sich darin zunächst nur die Abkehr von einer langen Tradition des Wissens an, das über abstrakte Naturgesetze gewonnen wird, denen der Status erster Prinzipien zukommt, und auf deren Basis dann anhand mathematisch-analytischer Verfahren Aussagen über konkrete Phänomene abgeleitet werden, die dann bestenfalls experimentell validiert werden können. Im Unterschied dazu setzen Computermodelle nicht länger bei übergeordneten Naturgesetzen an, sondern generieren ihr Wissen aus einer Vielzahl von empirischen Daten, was auf eine im Kern spekulative Annäherung an die Wirklichkeit hinausläuft, die weder mathematisch bestätigt noch experimentell überprüft, sondern letztlich nur durch alternative Simulationsmodelle bestätigt und plausibilisiert werden kann. Das erkenntnistheoretische Problem liegt dann folglich darin, dass weder der Status des simulativ erzeugten Wissens aus sich selbst heraus dingfest gemacht werden kann noch lässt es sich in eine zwingende (formalisierbare und mathematisch beweisbare) Beziehung zu ersten Prinzipien der theoretischen und experimentellen Physik setzen. Ein Problem ist das vor allem auch deshalb, weil bereits das quantentheoretische Wissen auf einer fundamentalen Unsicherheit (oder mit Heisenberg gesprochen: Unschärferelation) aufbaut, der das computersimulierte Wissen nichts entgegensetzen kann, vielmehr wird es nun gerade auch dort, wo es um letzte Fragen nach dem Wesen der (physikalischen) Wirklichkeit geht, zusätzlich (also zu dem an sich schon prekären Status des computersimulierten Wissens) von der quantentheoretischen Unschärferelation heimgesucht. Mit ihrer empirischen, datengesättigten Herangehensweise können die Computersimulationen zwar für »einen ungeheuren Schub der Konkretion und Sicherheit«[97] sorgen, nicht aber jene Paradoxien auflösen, die die Quantenphysik als Unsicherheit in ihrem Fundament betreffen (wie beispielsweise die kontraintuitive, kaum nachvollziehbare Vorstellung, dass ein Wesen oder Ding, wie im Fall von Schrödingers berühmter Katze, »zur gleichen Zeit an zwei unterschiedlichen Orten in unterschiedliche Seinszustände gleiten, lebendig und tot zugleich, ausgebreitet und lokalisiert sein kann«.)[98] Als Resultat werden die Computersimulationen Dippel und Warnke zufolge deshalb »zur Allegorie, weil erste Prinzipien durch informatische Regeln ersetzt werden«.[99]

Zweitens setzen Dippel und Warnke den erkenntnistheoretischen Status von Computersimulationen mit sozialen Entwicklungen in Beziehung und folgern, dass »die Verbreitung von Computersimulationen [...] gleichsam alles zu destabilisieren scheint«.[100] Dem Vertrauensverlust messen sie eine existenzielle Tragweite bei: »Digitale Gadgets materialisieren und vervielfältigen menschliche existenzielle Verunsicherungen.«[101]

Dippel und Warnke wenden das weniger alarmistisch, sondern fordern einen (medien-)reflektierten und ethisch verantwortungsvollen Umgang mit den neuen Medien. Das führt zu einem dritten Punkt, der mit der Stoßrichtung meines Essays korrespondiert. Dippel und Warnke argumentieren, dass Geistes-, Kultur- und Sozialwissenschaften im Umgang mit informatisch erzeugtem Wissen wieder an Bedeutung gewinnen. Zum einen, weil sich das simulativ erzeugte Wissen nicht aus sich selbst heraus erklären und legitimieren lässt. Zum anderen sind Humanwissenschaften dafür prädestiniert, die Bedingungen der Wirklichkeitserzeugung sichtbar zu machen, können darüber hinaus aber auch besser mit Inkohärenzen und einer vielgestaltigen Wirklichkeit umgehen. Das gilt gerade auch dort, wo Computermodelle Evidenzen zu liefern scheinen und aufgrund der massenhaften Daten und algorithmischen Berechnungen Ambiguitäten abschaffen (anders gewendet, produzieren sie positivistisches Wissen im Sinne konkreter, quantitativer Resultate). Zugleich (und durchaus paradox) mindert das aber die Gewissheiten, weil das simulativ erzeugte Wissen darin wahrscheinlich und deshalb immer nur eine mögliche Annäherungen unter vielen an eine im Kern unbekannte Realität bleibt: »Die Möglichkeiten der Wirklichkeitsinterpretation vervielfältigen sich im Angesicht des Wahrscheinlichen.«[102] Für die Geistes-, Kultur- und Sozialwissenschaften, aber insbesondere auch für die Literatur, gehört der Umgang mit einem »Möglichkeitssinn« (Robert Musil) und pluralen Wahrnehmungen und Wirklichkeitsvorstellungen hingegen seit jeher zum Selbstverständnis und Kerngeschäft. Und so könnten »[n]ach über einhundert Jahren der Abwertung hermeneutischer Methodologie und Theoriebildung [...] nun verstehende Weltzugänge, die aus der Kontingenz heraus kohärente und wirklichkeitsgetreue Erzählungen stiften, uns in der Digitale Gewissheiten schaffen«.[103]

Aus dem epistemischen Wandel des simulativ erzeugten Wissens sowie den daran gebundenen Ungewissheiten allein leitet sich allerdings noch kein Romantischwerden der Rechenmaschinen ab. Auf die Diagnose des epistemischen Wandels hebt vielmehr der Begriff der algorithmischen Postrationalität ab – das heißt auf ein Wissen und auf generierte Erzeugnisse, die algorithmisch strukturiert sind und deshalb eigentlich rational, nachvollziehbar und verlässlich sein sollten; zumindest wenn man von einer Standarddefinition des Algorithmus als einem logisch formalisierten Verfahren ausgeht, das über wohldefinierte Schrittfolgen zu einem (mathematisch) eindeutig bestimmbaren Ziel führt. Die algorithmische Postrationalität bringt nun den scheinbar widersprüchlichen Befund zum Ausdruck, dass die rechenbasierte Erschließung der Realität neue Opazitäten und Unsicherheiten hervorruft und so das Versprechen der Rationalität, als dessen Träger der Computer in den 1950ern und 1960ern angetreten war, nicht mehr einlöst. Damit erst wird algorithmische Postrationalität zur Grundlage und Voraussetzung der romantischen Maschine. Denn mit ihr stehen nun weniger die technischen Bedingungen im Vordergrund, sondern die kulturellen Zuschreibungen, wie der Computer gedacht und unter welchen Vorzeichen er in bestimmte Bereiche integriert wird. Das populärromantische Schema beweist seine Mächtigkeit dadurch, dass es sich die maschinellen Erzeugnisse aneignet und gemäß populärromantischer Kategorien rezipierbar macht. Das heißt, die romantische Maschine fügt sich zwar ins Bild neuer Unsicherheiten die aus der simulativen Wirklichkeitserzeugungen resultieren. Vor allem sorgt sie aber dafür, dass die digitalen Technologien losgelöst vom Ruf einer kalten Mathematik und Rationalität affirmativ und affektiv – oder eben auch menschlich und magisch – in die Erfahrungswelt der Individuen integriert werden können. Genau dafür ist Kehlmanns Reise ins Silicon Valley ein Paradebeispiel.

Ein neuer Zauber (oder: Hoffen auf ein Wunder)

Kehlmann ist sich zwar im Klaren darüber, dass die maschinellen Lernsysteme logisch und statistisch strukturiert sind – Ausgangsbedingungen, die sich erst mal schlecht mit seiner romantischen Poetik vertragen –, weshalb es, wie er anmerkt, angemessener wäre, statt von KI von »künstlicher Rationalität« zu sprechen.[104] Allerdings stellt Kehlmann daraufhin weder seine eigene Poetik infrage, noch geht er dem aufklärerischen Verdacht nach, das Sprachmodell könne etwas über die Funktion der Maschine oder die eigene menschliche Kreativität enthüllen. Stattdessen lässt er sich auf die Software wie auf ein menschliches Gegenüber ein: Im Wechsel mit der Maschine schreibt der Autor Sätze – darin besteht die Kooperation –, wobei er die Maschine nicht anders als ein sprachbegabtes Wesen behandelt, dessen Bewusstsein und Erfahrungen (wie in Benses natürlicher Poesie) scheinbar lebensweltlich verankert sind. Die maschinell erzeugten Sätze, ob sie brauchbar sind oder nicht, bewertet Kehlmann gemäß seiner regellosen Poetik: Sie müssen etwas berühren, was jenseits einer erkennbaren Regel oder Konstruktion liegt. Das setzt stets die Bereitschaft voraus, sich verzaubern zu lassen, ein Merkmal, das die avancierte Technik mit der Romantik teilt: Ich hoffe »auf ein Wunder«, schreibt Kehlmann, »auf das plötzliche Aufwachen eines Gegenübers«.[105] Und auch wenn Kehlmanns Experiment ohne vorzeigbares Ergebnis bleibt, der Dämmerung einer maschinellen Bewusstwerdung hat er dennoch beigewohnt: »[I]ch habe mitangesehen, wie aus der dunklen Tiefe ihrer statistischen Abschätzung, in der vielleicht eines fernen Tages auch einmal Bewusstsein glimmen wird, tatsächlich konsistente Sätze entstehen.«[106] Der romantische Topos der »dunklen Tiefe«,[107] des Unergründlichen steht hier in keinem Ausschlussverhältnis zur »statistischen Abschätzung«, und so bildet es auch keinen Widerspruch für Kehlmann, dass in der künstlichen Poesie, die nach Bense doch eigentlich »kein personales poetisches Bewußtsein« haben soll, zumindest die Vorahnung eines solchen flackert.

Mit der potenziellen Bewusstwerdung geht die maschinelle (künstliche) Poesie in der natürlichen Poesie auf. Zwar mag die maschinelle Sprachverarbeitung kein personales Bewusstsein aufweisen, aber sie ist eben auch nicht nur einfach Code, der sich nach logischen Kriterien sezieren ließe. Stattdessen liegt der Fokus nun auf dem Überschuss als jenem Phänomen, das nahelegt, dass die Maschine ihre algorithmischen Ausgangsbedingungen überschreiten kann. Mit dieser Erwartungshaltung befindet sich Kehlmann aber in guter Gesellschaft.

Die erste Maschine, die originell dachte

Kehlmanns Haltung ist von der gängigen Sicht informiert, der zufolge die Entwicklung digitaler Technologien einem evolutionsbiologischen Schema gehorcht: Am Anfang stehen logische Schlussfolgerungsverfahren, Vakuumröhren und Silikonschaltkreise, am Ende wird eine autonome Entität das Licht der Welt erblickt haben, die denken, sprechen und handeln kann. Die fixe Idee, dass Maschinen sich evolutionär entwickeln, ist nicht neu. Heute verbreitet sie der amerikanische Zukunftsforscher Ray Kurzweil und definiert die Technologie als »Fortsetzung der Evolution mit anderen Mitteln«.[108] In seiner Naturalisierung der Technologie geht Kurzweil sogar so weit, dass er ihr Erscheinen biologisch für unausweichlich hält: »Sobald sich das Leben auf einem Planeten etabliert hat, können wir das Aufkommen von Technologie als unvermeidlich betrachten.«

So abstrus für viele – darunter einige Leute vom Fach – ein solches Szenario auch sein mag, für Kehlmann und Kurzweil ist es nur eine Frage der Zeit, bis die Maschinen ihre Augen aufschlagen werden. Doch eine KI, die mit der menschlichen konkurrieren will – das ist trotz der Vielzahl der Definitionen der Intelligenz mittlerweile Konsens –, muss auf rudimentäre Weise kreativ sein. Und das ist wiederum ein Grund, warum die Kreativität als »eine jener Qualitäten, die sich auf einem Computer am schwersten realisieren lassen«,[109] ins Zentrum der KI-Forschung gerückt ist.

Um zu ermessen, wie Kreativität zu einem Fixpunkt der digitalen Systeme hat werden können, bietet sich vorab ein weiterer Rückblick an. Denn die Kreativität ist von Anfang an auf dem Radar der KI-Forschung, als deren Auftakt ein 1956 am Dartmouth College in Hanover, New Hampshire, veranstalteter Workshop gilt. In der Ausschreibung für den Workshop wird damals der Neologismus der künstlichen Intelligenz geprägt. Im »Proposal for the Dartmouth Summer Research Projekt on Artifical Intelligence« (1955), mit dem eine Förderung der Rockefeller Foundation eingeworben werden soll, nennen die Verfasser, darunter John McCarthy, Marvin Minsky und Claude E. Shannon, »Randomness and Creativity« als den siebten und letzten Punkt ihres Entwurfs, wie sie das menschliche Denken maschinell simulieren wollen. Zur Rolle der Kreativität merken sie an:

> Eine verführerische, aber nicht ganz eindeutige Vermutung lautet, dass der Unterschied zwischen der kreativen Kompetenz und einem fantasielosen Denken in der Einführung von Zufälligkeit [*randomness*] liegt. Soll der Zufall [*randomness*] effizient sein, muss er von der Intuition angeleitet werden.[110]

Wenn die Informatiker die Kreativität auf den Zufall zurückführen, nehmen sie darin die oben skizzierte Beziehung vorweg, die wenig später die Informationsästhetik herstellt. Die Kreativität (alternative Begriffe, die im Proposal genannt werden, sind Originalität oder Imagination) wird also schon früh und nicht nur in der Informationsästhetik in eine Beziehung zur Intelligenz gesetzt.

Allerdings misst die frühe KI-Forschung der Kreativität nur eine untergeordnete Rolle bei. Das gilt zumindest für die symbolische KI, die den einsetzenden Konkurrenzkampf mit der konnektivistischen KI damals für sich entscheiden kann.[111] Die symbolische KI ist analytisch-deduktiv aufgebaut, es wird also vom Allgemeinen auf das Besondere geschlossen. Die deduktiven Verfahren liefern zwar logisch zwingende Schlussfolgerungen und garantieren korrekte Resultate; allerdings müssen die Prämissen vorab gegeben sein, sodass kein neues Wissen gewonnen wird. Dem liegt die Vorstellung zugrunde, dass Computer und Gehirne in erster Linie Systeme sind, die logische Symbole manipulieren.[112] Das Ideal ist eine formal-logische Repräsentation der Welt, das Ziel die Problemlösung. Darin verträgt sich die symbolische KI aber schlecht mit dem Zufall oder der Kreativität, was auch erklärt, warum die Kreativität im Dartmouth Proposal an letzter Stelle steht. Denn letztlich kann die Kreativität nur von außen, über den Zufall, in das System eingeführt werden, der, wie es im Proposal ferner heißt, zusätzlich »von der Intuition angeleitet werden« müsse. Dies unterstreicht den schweren Stand der Kreativität: Denn für die Intuition ist in der analytisch-deduktiven Architektur der symbolischen KI ebenso wenig Platz wie für Kreativität.

Im Gegensatz dazu stehen die künstlich neuronalen Netze – wie sie Rosenblatt mit seinem Perzeptron 1957 erstmals vorstellt – dem Schema der Kreativität ungleich näher. Das maschinelle Lernen verfährt statistisch-induktiv, es wird also vom Besonderen auf das Allgemeine geschlossen. Rosenblatt spricht von »angeeigneten Annahmen [*biases*], weniger von eingebauten logischen Algorithmen als Determinanten für sein [das Perzeptron, P. S.] Verhalten«.[113] Grundsätzlich geht es in der Schlussfolgerung vom Besonderen zum Allgemeinen darum, Klassifikationen zu bilden oder Muster zu entdecken. Dabei betont Rosenblatt die Einbettung der neuronalen Netze in eine Umgebung und präzisiert, dass es gelte, in Reaktion »auf die Reize des Universums sinntragende Klassifikationen zu bilden«.[114] Bezeichnenderweise tun die neuronalen Netze das selbstständig, »ohne von einem Experimentator unterrichtet worden zu sein«. Rosenblatt rückt die neuronalen Netzwerke hier bewusst in die Nähe von Theorien der Selbstorganisation, wie sie die Kybernetik popularisiert, wobei die Selbstorganisation eine Entsprechung in der Beschreibung der neuronalen Netzwerke als »lernende« Systeme findet; das Perzeptron »erreicht seine Organisation spontan«, erklärt Rosenblatt dementsprechend, »anstatt dass sie vorab ins System eingebaut wäre«.[115] Die Basis dafür ist eine Datenverarbeitung, in der die Daten die internen Regeln der Maschine dynamisch verändern. Dafür beruft sich Rosenblatt zunächst auf McCulloch und Pitts bereits oben angeführten Aufsatz »A Logical Calculus«, der die neuronalen Aktivitäten über die Boolesche Algebra zugänglich macht. McCulloch und Pitts gehen allerdings von einer streng deduktiven Logik aus (wie die symbolische KI), Rosenblatt ersetzt diese hingegen durch die Statistik (wie die konnektivistische KI). Damit ändern sich aber die Prämissen und theoretischen Ziele: Nicht der Geist als formal-logische Repräsentation ist die Leitvorstellung, es sind die neuronalen Aktivitäten des Gehirns, das in einer probabilistischen Anpassung an die Umwelt einen Prozess der Selbstorganisation durchläuft; an die Stelle der Problemlösung tritt das Lernen.

Bezeichnenderweise geht Rosenblatt damit nicht nur auf Distanz zur symbolischen KI, sondern zum klassischen Computer der Von-Neumann-Architektur: »Computer sind im Allgemeinen so konzipiert, dass sie Regeln folgen. Aber das entspricht nicht wirklich unserer Vorstellung von originellem Denken oder Intelligenz.«[116] Genau das aber – Denken als origineller, nicht als analytisch-deduktiver Akt – ist Rosenblatts erklärtes Ziel. Den Schlüssel dafür sieht er im Austausch mit der Umgebung. Anders als die symbolische KI, die von einem geschlossenen und das heißt reduktionistischen System ausgeht,[117] bildet die Verortung in einer konkreten Umgebung für Rosenblatt die erste Voraussetzung, dass überhaupt so etwas wie eine künstliche Originalität oder Kreativität entstehen kann: »Die Konzeptualisierung der Umwelt ist der erste Schritt zum kreativen Denken.«[118] Die Präsentation seines Perzeptron lässt Rosenblatt dann in der Behauptung gipfeln: »[Z]um ersten Mal haben wir eine Maschine, die in der Lage ist, originelle Ideen zu entwickeln.«[119]

Um die neuronalen Netzwerke wird es Ende der 1960er still. Erst in den Achtzigern werden sie als *convolutional neural networks* (faltende neuronale Netzwerke) wiederentdeckt, bevor sie dann ab den Zehnerjahren des 21. Jahrhunderts zum Inbegriff und Leitmodell der KI werden (die technischen Voraussetzungen dafür sind eine Datenexplosion, gesteigerte Rechenleistungen und neue Hardware). Insofern also Rosenblatt die neuronalen Netzwerke als kreative Maschinen ins Rennen schickte, scheint es nur schlüssig, dass die Kreativität heute wieder oben auf der Agenda der KI-Forschung steht.

Dieser Schein trügt aber. Zwar ist es richtig, dass der statistisch-induktive Ansatz sich besser als die symbolische KI mit der Kreativität verträgt. Dennoch führt kein direkter Weg von Rosenblatts Maschine, die vermeintlich originelle Gedanken entwickelt, zur Erwartung, dass die neuronalen Lernsystemen von heute kreativ sein sollen. Wenn das dennoch danach aussieht, dann sind dafür kulturelle Zuschreibungen und Erwartungen leitend, die von außen an die Systeme herangetragen werden, weniger die Technik selbst.

Das wird ersichtlich, wenn man die Entwicklung der Kreativitätsforschung berücksichtigt, die heute mit ungleich anspruchsvolleren Begriffen operiert als in der Nachkriegszeit. So hat die Identifikation der Kreativität mit dem

Zufall (*randomness*), die für Minsky, McCarthy und Shannon noch leitend war, inzwischen keine Gültigkeit mehr. »Zufall [*randomness*]«, merkt die britische Kognitionsforscherin Margaret A. Boden an, »wird weithin als unvereinbar mit Kreativität betrachtet«.[120] Boden definiert die Kreativität dagegen als zielgerichteten Prozess, der etwas Neues von Wert hervorbringen soll. Das disqualifiziert aber den Zufall als kontingentes Geschehen, das der Kreativität den Boden bereiten soll.

Ähnlich verhält es sich mit Rosenblatts Originalitäts- und Kreativitätskonzept, das die heutigen Kriterien nicht zu erfüllen vermag: Sein Perzeptron konnte simple Schemen wie Dreiecke, Kreise oder Buchstaben identifizieren und differenzieren (eine besondere Herausforderung war es etwa, ein N von einem Z zu unterscheiden). Das entspricht aber in Nichts den aktuellen Leistungsbeschreibung einer kreativen Maschine, geschweige denn den Originalitätsanforderungen. Der Grund dafür sind weniger die technischen Beschränkungen des Perzeptrons, sondern die Definitionen der Originalität und Kreativität. Die Fähigkeit, die Umgebung wahrzunehmen, zu erkennen und Gegenstände zu identifizieren, wird heute allenfalls unter dem Stichwort eines intelligenten, nicht aber eines kreativen Verhaltens diskutiert. Aus dieser Perspektive handelt es sich bei

Rosenblatts Behauptung des Perzeptrons als erste Maschine, die originelle Gedanken entwickelt, um eine schlichte Fehlbezeichnung.

Kreative Maschinen

Im Gegensatz zu Rosenblatts Darstellung der neuronalen Netzwerke als kreative Maschinen stehen die maschinellen Lernsysteme als statistisch-induktive Systeme heute zuallererst im Verdacht, von ihrer Anlage her gerade *nicht* kreativ zu sein. Der Grund dafür ist simpel: Ihre primäre Leistung besteht darin, dass Gegebene – also die Informationen, die ihn den Trainingsdaten enthalten sind – wiederzugeben. Im Bereich der Sprachverarbeitung hat das den Modellen den despektierlichen Namen »stochastischer Papageien« eingebracht.[121]

Gleichzeitig birgt die induktive Schlussfolgerung aber das Versprechen, neues Wissen zu erwerben. Denn die neuronalen Netze passen ihre internen Strukturen (in einer Trainingsphase) an, wofür sich die Redewendung lernender Systeme eingebürgert hat. Das wirft wiederum die Frage auf, ob die Systeme über die Phase der Nachahmung, in der bereits ein Potenzial zur Veränderung angelegt ist, hinausgelangen und ihre Ausgangsbedingungen überschreiten können.

Die technische Funktionsweise ist in all dem jedoch nur ein Aspekt – entscheidend sind, wie gesagt, vielmehr die kulturellen Faktoren und Erwartungen, die von außen an die Maschinen herangetragen werden, und zwar seit den 1950ern, was, wie Franklin in seiner Geschichte der frühen Kreativität anmerkt, durchaus überraschen mag: Schließlich sind die Fünfziger eine Ära, die wir primär »mit Konformität, Bürokratie und Suburbanisierung verbinden«.[122] Und nicht minder spricht die Norm der oben skizzierten algorithmischen Nachkriegsrationalität gegen einen »Kult der Kreativität« (Franklin). Wie also konnte die Kreativität damals in nur einer Dekade zu einem »Wort von schwindelerregender Popularität«[123] werden?

Ein Grund dafür ist im Blockdenken des Kalten Kriegs zu suchen. »Einfach ausgedrückt lautete die Frage: Wie können wir die Kommunisten besiegen, ohne zu werden wie sie.«[124] Im ideologischen Kampf der Systeme kann die Kreativität neben der Freiheit des Individuums ganz oben auf die Liste jener Werte rutschen, mit denen der Westen seine kulturelle Hegemonie gegenüber dem Kommunismus sicherzustellen versucht. Allerdings kommt die Bedrohung nicht nur von außen. Mit den Erfahrungen des Totalitarismus und Faschismus, die die westeuropäischen Gesellschaften in den Dreißigern und Vierzigern gemacht haben, sowie dem ökonomischen Konformitätsdruck der neuen Konsum- und Massengesellschaft, lauert die Gefahr gleichfalls im Inneren der demokratischen Ordnung.

Die Kreativität kann in dieser Situation sowohl eine symbolische Bedeutung gewinnen als auch pragmatisch gewendet werden. Denn, wie Calvin Taylor, neben Guilford und E. Paul Torrance ein weiterer Begründer der psychologischen Kreativitätsforschung, in seinem *Creativity. Progress and Potential* schreibt:

> Wenn wir im internationalen Wettbewerb bestehen wollen, ist die vielversprechendste Lösung für dieses lebenswichtige Personalproblem, dass unsere Nation die Identifizierung und Entwicklung verschiedener Arten von wichtigem Personal fördert und unterstützt. Ein solcher Typus ist der hochkreative Mensch, denn selbst einige wenige solcher Personen in der Wissenschaft können unsere wissenschaftliche Bewegung energisch an der Spitze halten – denken Sie an den Wettlauf um die Entwicklung der Atombombe im Zweiten Weltkrieg.[125]

Neben der Identifikation von *high potentials* – in Taylors Kommentar klingt das bereits an – wird die Kreativität mit der Erwartung von bahnbrechenden Erfindungen und überraschenden Lösungen assoziiert. Im Thinktank der RAND Corporation an der Westküste kann die Kreativität daher einen ebenso hohen Ruf wie unter den »Technokraten der Imagination«[126] auf dem Campus der Bell Telephone Laboratories an der Ostküste genießen, wo der Transistor als elementarer Baustein für Digitalcomputer patentiert wird, Shannon seine Informationstheorie schreibt und die von den Dreißiger- bis in die Siebzigerjahre als »die innovativste wissenschaftliche Organisation der Welt« gelten.[127]

Die technische Innovation, die bereits während des Zweiten Weltkriegs eine enorm wichtige Rolle spielt, verliert im Kalten Krieg nichts von ihrer Dringlichkeit: Wo das symmetrische Kräfteverhältnis der zwei Supermächte und die technologischen Entwicklungen einen linearen Fortschritt in der ideologischen Systemrivalität erwarten lassen, die Vorherrschaft der Nationen aber gleichzeitig auf dem Feld der Technik gesucht und ausgefochten wird, birgt die Kreativität die Hoffnung, so einen Vorsprung zu wahren beziehungsweise das Spiel durch einen unerwarteten Zug zu den eigenen Gunsten zu entscheiden. Guilfords Wendung der Kreativität als *divergent thinking*, als abweichendes Denken, ist in dieser Hinsicht eine glückliche Wahl.

Das hohe Ansehen, dass die Kreativität erfährt, ist in diesem Kontext auch deshalb aufschlussreich, weil es das oben skizzierte Bild der *Cold War Rationality*, die davon ausgeht, dass »Computer besser denken können als Menschen«, verkompliziert. Denn für die Strategen der RAND Corporation bildet es offenbar keinen Widerspruch, einerseits die mechanische Logik des Algorithmus zur höchsten Form der Rationalität zu erklären, die auf nahezu alles angewendet werden soll. Andererseits glauben sie an die Kreativität und das heißt in dieser Hinsicht auch an starke menschliche Subjekte, die offenbar unverzichtbar sind, auch wenn dieser Status nur für wenige Ausnahmetalente (sie selbst offenbar eingeschlossen) reserviert sein mag.

Dass sich der Algorithmus – als mechanisch reproduzierbare Prozesslogik – mit der Kreativität – als intuitive Eingebung – vertragen kann, illustriert die Kunst. So hat der Wissenschaftstheoretiker Fred Turner für Künstler wie Jackson Pollock, Robert Rauschenberg oder John Cage den Begriff des »romantischen Automatismus« geprägt.[128] Für Turner kommt diesen Künstlern eine wichtige Vermittlerfunktion zu, weil sie die öffentliche Skepsis gegenüber der Automatisierung ins Positive wenden können:

> Gegenüber den ökonomischen Debatten, die die Automatisierung als eine unmenschliche Kraft darstellten, entwickelten Pollock, Cage und Rauschenberg Theorien und Praktiken, die ganz und gar im Einklang mit der Auto-

> matisierung standen, indem sie die in der Physik entwickelte probabilistische Weltsicht und die kybernetische Gleichsetzung von Maschine und Mensch nicht als Bedrohung, sondern erneut als Quelle von individueller und kollektiver Handlungsfähigkeit reklamierten.[129]

Die Kunst kann so das – scheinbar paradoxe – Bild einer romantischen Automatisierung stiften, in der das humanistische Subjekt unbeschadet und handlungsmächtig bleibt.

Der romantische Automatismus, in dem das romantische Genie in eine versöhnliche Beziehung zur mechanischen Reproduktion tritt, lässt sich als Vorstufe zum Romantischwerden der Maschinen lesen. Als Vorstufe deshalb, weil es bei Jackson und Pollock noch vornehmlich um mechanische Akte, weniger um eine Automatisierung des Geistes geht.[130] Erwähnenswert ist der romantische Automatismus aber auch insofern, als er einen wichtigen kulturellen Unterschied zwischen den USA und Deutschland kenntlich macht, nämlich, dass in den USA die philosophische Tradition des Pragmatismus prägend ist. Auf dessen Grundlage können romantische Topoi viel leichter einen Bund mit den Rechenmaschinen eingehen als in der deutschen Theorie und Kunst, wo sie sich, wie in der Informationsästhetik, gegenseitig ausschließen.

Doch wird die Kreativität im Amerika der Fünfziger und Sechziger nicht nur pragmatisch gewendet, sie gewinnt vor allem auch an symbolischer Bedeutung. Als Beleg sollen zwei Aspekte genügen: die Kategorie des Neuen und die Rolle der Kunst im ideologischen Kampf der Blöcke.

Die 1950er und 1960er sind trotz allem Konservatismus auch jene Ära, in der das Neue als eigenständige Kategorie virulent wird. So schreibt Norbert Wiener 1954 *Innovation. The Care and Feeding of Ideas*, das zwar unveröffentlicht bleibt, dessen Ideen Wiener dann aber 1959 in seinem Roman *The Tempter* (1959) gleichfalls entwickelt;[131] Thomas Kuhn fragt 1962 in seinem akademischen Bestseller *Die Struktur wissenschaftlicher Revolutionen* wie das Neue in die Wissenschaft kommt und Gilbert Simondon spürt 1965/1966 in seinen Vorlesungen an der Sorbonne dem Verhältnis von *Imagination und Invention* nach.

Die wiederentdeckte Bedeutung des Neuen zeigt sich aber vielleicht nirgends so deutlich wie in der Ezra Pound zugeschriebenen Formel »Make it new!« als Motto der modernistischen Literatur und Kunst.[132] Pound verwendet den Leitspruch erstmals 1928, nachdem er bei konfuzianischen Autoren der Antike darauf gestoßen ist. 1934 gibt er einem Essayband diesen Titel. Als Pound zum Parteigänger von Mussolinis Faschismus wird, gibt er der Formel eine neue Wendung (in der sich das Neue mit einer Rückkehr des Ursprünglichen verbündet). Unter seinen Kritikern erregt der Slogan aber erst 1950 Aufmerksamkeit, wobei Hugh Kenner allerdings zunächst nur Pounds Übersetzung aus dem Chinesischen interessiert. Erst 1956 bringt der Literaturkritiker Philip Rahv die Formel dann in Zusammenhang mit der Avantgarde und spricht »von dem allseits bekannten Avantgarde-Prinzip, ›es neu zu machen‹«;[133] 1966 taucht das Motto schließlich erstmals als Einwort auf: *make-it-new*. Die Entdeckung und Aufwertung der Formel vollzieht sich vor dem Hintergrund der Debatten um die ästhetische Moderne, zu deren prominentesten Wortführern Clement Greenberg gehört. In Greenbergs teleologischer Kunstgeschichte wird das Neue nun vollends als wirkmächtige Leitkategorie des Modernismus zementiert.

Zugleich lässt sich die symbolische Bedeutung der Kreativität am »Kampf um Köpfe«[134] ablesen, der damals ideologisch geführt wird. Sogar die CIA mischt sich deshalb in den Kulturkampf der Systeme ein und finanziert Organisation wie den Congress for Cultural Freedom, der »Zeitschriften, Bücher, Konferenzen, Seminare, Kunstausstellungen, Konzerte, Auszeichnungen« fördert. Kunstströmungen wie der abstrakte Expressionismus oder die modernistische Literatur einschließlich der Literatur aus den neuen Schreibwerkstätten der Colleges und Universitäten[135] werden zum Aushängeschild des kapitalistischen Westens mit seinen liberalen Werten der Individualität, Freiheit und Selbstbestimmung.[136] Das Gegenbild dazu ist ein gesichtsloses Individuum, das seine Individualität und Freiheit angeblich im Kollektiv des Sozialismus und der kommunistischen Parteidoktrin verliert. Vor diesem Hintergrund kann die Kreativität in eine Schlüsselposition gelangen: »Um den Kalten Krieg zu gewinnen, musste Amerika ein Gleichgewicht zwischen technischem Fortschritt und individueller Freiheit finden. Kreativität war die Antwort.«[137]

Genießt die Kreativität in den 1950er- und 1960er-Jahren auch höchste Wertschätzung, so bleibt ihre Bedeutung vornehmlich auf ein kulturelles Phänomen beschränkt. In den Debatten um die Automatisierung bleibt sie dementsprechend marginal, was vor allem darin liegt, dass die neuen Rechenmaschinen und Automatisierung mit der gleichförmigen Reproduktion von Arbeitsabläufen und Produktionsprozessen assoziiert werden. Auf dem Feld der KI finden die Gleichförmigkeit und Standardisierung ihren maßgeblichen Ausdruck in den deduktiven Schlussverfahren der symbolischen KI. Mitunter wird die Kreativität deshalb sogar herangezogen, um die gefürchteten Folgen der neuen Elektronengehirne, denen der Ruf vorauseilt, sie würden die Menschen aus den Fabriken und Büros vertreiben, abzufedern. Das birgt durchaus ironisches Potenzial. So begründet Guilford die Kreativitätsforschung 1950 auch damit, dass sie die Einzigartigkeit und das Menschliche der Menschen hervorhebe und sie so vor den Folgen der Automatisierung schützen würde.

Die ironische Volte liegt dann darin, dass Guilford die Kreativität als Vermögen entwirft, das sich beobachten, vermessen und formalisieren lässt. Damit bietet er aber die Voraussetzung dafür, dass die Kreativität – wie im Fall der Informationsästhetik – gleichfalls dem Herrschaftsbereich der Maschinen unterworfen werden kann. Gerade darin zeigt sich aber der spezifische Kern der Nachkriegskreativität: In den Beratungszimmern der RAND Corporation oder Pollocks Atelier kann ihr zwar eine Ausnahmestellung zukommen, die einen starken und romantischen Begriff des Subjekts konserviert; gleichzeitig steht sie aber im Bann der Nachkriegsrationalität. Letzteres wird schon an ihrem instrumentellen Zuschnitt deutlich, denn zum Kennzeichen der Nachkriegskreativität gehört es, dass sie sich in den Rahmen einer wissenschaftlichen und algorithmischen Rationalität fügt und selbst in ihrer Abweichung als *divergent thinking* Verlässlichkeit, Objektivität und Transparenz garantiert.[138]

In der Rationalitätshörigkeit ist dann auch ein wesentlicher Punkt benannt, der anzeigt, inwiefern sich der Status der Kreativität in Bezug auf die Maschine heute verändert hat. Weniger die Einpassung der Kreativität ins rationale Schema der psychologischen Testforschung oder der formal-logischen Funktionsweise des Computers steht heute zur Disposition: Stattdessen sollen die Maschinen beweisen, dass sie aus dem Korsett, in dem der Output schon immer durch den Input der Trainingsdaten determiniert ist, ausbrechen können. Die Kreativität richtet sich nicht länger an der rationalen Maschine aus, sondern sie wird zum Ideal einer Maschine, die den Wandel von der Automatisierung (als Prinzip einer regelkonformen Reproduktion) zur Autonomie (als Regelbruch) vollzogen hat. Als kreative Maschine ist der Computer dann auch nicht länger auf Transparenz verpflichtet; im Gegenteil: Die Kreativität wird nun zur Legitimation, dass die digitalen Systeme im Kern unergründlich bleiben.

Besonders offensichtlich wird die neue Orientierung der rationalen Maschinen an der Kreativität dort, wo die Lernprogramme als Stufe hin zu einer Allgemeinen Künstlichen Intelligenz (General Artificial Intelligence, kurz GAI) betrachtet werden, die eben für jene Autonomie der Maschinen steht, in der die Maschine sich selbst zum Gesetz wird. Entscheidend sind hier weniger die Unterschiede in der Konzeption der GAI: Die einen verstehen darunter eine KI auf dem Niveau der menschlichen Intelligenz, andere Maschinen, die ein Bewusstsein entwickeln. Im vorliegenden Kontext genügt der Hinweis, dass die GAI nichts Esoterisches mehr ist, sondern ganz selbstverständlich auf den Businessplänen zahlreicher Start-ups und Konzerne wie OpenAI steht. So gibt etwa Sam Altman, der CEO von OpenAI, ChatGPT als einen bedeutsamen Schritt hin zu einer GAI aus. Die GAI bildet demnach einen Orientierungspunkt, der Auskunft über die Schlüsselfunktion der Kreativität für die KI-Forschung gibt. Denn wie immer man die Intelligenz auch definieren mag: Anders als in den Fünfzigern und Sechzigern gilt die Kreativität heute als essenzielle Zutat eines belastbaren Intelligenzbegriffs.

Pointiert formuliert bildet die Kreativität das Nadelöhr, durch das die künstlichen Intelligenzen in Zukunft schlüpfen müssen, wollen sie wirklich intelligent sein. Das ist aber nur ein Pol. An einem anderen ist die Kreativität inzwischen als basale Kategorie in den Blick gerückt, wie Intelligenz und intelligentes Leben überhaupt zu denken sind: »Die Kreativität fließt letztlich in jeden Aspekt des Lebens ein«, erklärt Boden, die die menschliche und maschinelle Kreativität in Beziehung zueinander setzt:

> Es handelt sich nicht um eine besondere »Fähigkeit«, sondern um einen Aspekt der menschlichen Intelligenz im Allgemeinen. [...] Sie ist also nicht auf eine kleine Elite beschränkt: Jeder von uns ist bis zu einem gewissen Grad kreativ.[139]

Die Kreativität ist also beides: die notwendige Bedingung für die Produktion einer GAI als auch ein Alltagsphänomen, das erklärt, was menschliche und nicht-menschliche Wesen zu intelligenten Entitäten macht. Ohne Kreativität keine Intelligenz, das gilt für Menschen wie für Tiere wie für Maschinen.

Vor diesem Hintergrund ist es dann im Übrigen nicht weiter verwunderlich, dass die Kreativität nicht nur im Kontext der KI diskutiert wird, sondern erneut ins Zentrum der computergenerierten Kunst und Literatur gerückt ist. Zumal diese von der Aufwertung der Kreativität profitieren: Denn nach wie vor gilt die Kunst als höchster Ausdruck von Kreativität – eine Aufwertung, die auf die Epoche der Romantik zurückgeht: »In dieser Zeit erwarb die Kunst zum ersten Mal das Ansehen als höchste menschliche Aktivität und Erfüllung, eine Auffassung, die viel zur Entstehung der heutigen Zivilisation beigetragen hat.«[140]

Mit Schach und Jeopardy hat die Maschine ihre Überlegenheit dem Menschen gegenüber auf dem Feld der Logik und des Spiels beweisen können. Im Go-Spiel zeigte die Maschine neben der schieren Rechenpower darüber hinaus zum ersten Mal so etwas wie Kreativität – zumindest sind sich sämtliche Beobachterinnen und Beobachter des mittlerweile legendären Spiels von AlphaGo versus Lee Sedol im März 2016 darüber einig, dass einzelne Züge »kreativ« und »einzigartig« gewesen seien: »So etwas habe ich bei noch keinem Spitzenspieler gesehen«, lautete das Urteil eines Kommentators, das viele ganz ähnlich erlebt haben.[141]

Dennoch ist Go bei aller Komplexität ein deterministisches Spiel, weshalb sich die heikle Frage nach der Kreativität unter diesen Bedingungen nur schwer klären lässt. Will die KI also ihre Intelligenz und Kreativität beweisen, ist es nur folgerichtig, dass sie sich auf der nächsten Sprosse der Leiter die Kunst und Literatur vornimmt, die offenbar unabdingbar ist, will sie ihren – bildungsbürgerlichen oder auch nur evolutionären – Pfad von der Automation (Nachahmung) zur Autonomie (Kreativität) erklimmen.

Der maschinelle Wille zur Kunst

Die Beziehungen zwischen der Informatik und der Kreativität werden inzwischen auf ganz unterschiedlichen Ebenen hergestellt. Das unterstreicht, dass die Kreativität zum Kernbereich der Erforschung intelligenter Systeme aufgerückt ist. So fragen Forscherinnen und Forscher beispielsweise danach, wie der Umgang mit Computern die menschliche Kreativität verändert. Aus dieser Perspektive werden Computer als Werkzeuge mit »einem radikal neuen Potenzial zur Erweiterung unserer eigenen Kreativität« betrachtet.[142] Gegenüber diesem Ansatz, der die Kreativität in der Kooperation zwischen Mensch und Maschine sucht (was relevant für Bereiche wie das Design ist), liegt der Fokus in anderen Untersuchungen stärker auf der Kreativität selbst. Dort wird dann nach dem Ort der Kreativität gefragt oder inwiefern ein Prozess oder Resultat dem Mensch oder der Maschine zuzurechnen ist.

Wieder andere Ansätze beschäftigen sich explizit mit Computern oder mit Software und analysieren, inwiefern diese tatsächlich kreativ sind oder unter welchen Bedingungen sich überhaupt sinnvoll von Kreativität sprechen lässt. Philip Galanter diskutiert unterschiedliche historische und aktuelle Methoden einer kreativen Programmierung, die er daran festmacht, wie sich technische Herangehensweisen jeweils zu ästhetischen Maßstäben verhalten.[143] Das Problem der maschinischen Kreativität löst Galanter dadurch, dass er fragt, wie sich Computer einsetzen lassen, um ästhetische Entscheidungen zu treffen.

Anstatt die unterschiedlichen Herangehensweisen, die neben der Analyse unterschiedlicher Softwareansätze stets mit den nur schwerlich definierbaren Begriffen der Kreativität oder Ästhetik hantieren müssen, weiter auszuführen, interessiert mich im Folgenden lediglich, wie die Maschinen im Bereich der Literatur und Kunst in eine Nachfolge der romantischen Ästhetik gerückt sind. Das spitzt die Diskussion um intelligente Maschinen zu, auch wenn die Kunst und Ästhetik in den Debatten nie weit weg sind. Als Beispiel dienen mir zwei Studien, erstens *Der Creativity-Code. Wie künstliche Intelligenz schreibt, malt und denkt* (2019/2021) von dem Mathematiker Marcus Du Sautoy und *The Artist in the Machine. The World of AI-Powered Creativity* (2019) von dem Historiker Arthur I. Miller. Beide Bücher machen einen (allerdings noch vor ChatGPT oder bildgenerierende Tools wie Dall-E oder Stable Diffusion datierenden) Rundgang durch jüngere Erzeugnisse KI-generierter Kunst, Musik und Literatur, wobei sie nach dem Potenzial und der Zukunft des Computers als genuin kreativer Maschine fragen.

Im Gegensatz zu Bense und der Informationsästhetik fällt zunächst auf, dass konkrete Erzeugnisse den Anlass zur Reflexion geben, weniger der Computer als abstraktes Funktionsprinzip, aus dem dann neue ästhetische Ansätze abgeleitet werden. Die Erörterungen sind von dem Anliegen geleitet, dass die Lernsysteme ihre Kreativität endlich unter Beweis stellen sollen. Wenn Du Sautoy etwa danach fragt, wie ein Algorithmus aus den Vorgaben der Trainingsdaten ausbrechen kann, dann lässt er die Zufallsverfahren der computergenerierten Kunst der Sechzigerjahre nicht mehr gelten. Deren Erzeugnisse sind zu rudimentär, aber vor allem ist ihm die Kategorie des Neuen, das Bense anhand eines numerischen Informationswerts beziffert, zu wenig (wie für Boden ist also auch für Du Sautoy *randomness* kein gültiges Kriterium für Kreativität).

Im Vergleich zur frühen Computerliteratur suchen Du Sautoy und Miller also nach einem robusteren Kreativitätsbegriff. Dass es sich die Informationsästhetik zu leicht gemacht hat, indem sie die menschliche und maschinelle Kreativität nachlässig gleichsetzte, räumt im Rückblick auch Frieder Nake ein. Die Informationsästhetik speiste sich aus einem metaphorischen Kurzschluss, der daraus resultierte, dass sie mit der Kreativität und dem Zufall zwei diffuse Begriffe in eine wechselseitige Beziehung zueinander brachte und als Lösung eines Problems präsentierte:

> Mit dieser bodenlosen Frechheit: wir rechnen jetzt hier, ihr macht Kunst. Die zeigen wir euch jetzt gleich, eure Intuition könnt ihr euch irgendwo hinstecken, denn die kommt bei uns als Zufallsgenerator aus dem Computer heraus. Eine unglaubliche Rotzigkeit. Da gibt es etwas, das können wir nicht erklären – Intuition –, da gibt es etwas, das können wir erklären – Zufall –, und das sagen wir jetzt, ist gleich. Das ist die Rotzigkeit darin. Und das interessante Moment ist, dass wir beides zur Kenntnis genommen haben. Man hätte auch sagen können, wir machen Zufall. Fertig aus.[144]

In der Abgrenzung und Weiterentwicklung dazu, versuchen Du Sautoy und Miller der Kreativität als eigenständigem Begriff einerseits in Bezug auf die Kunst, andererseits in Bezug auf die Maschine gerecht zu werden. In ihrer Suche nach einer algorithmischen Kreativität stützen sich beide auf Boden, die Kreativität als Fähigkeit definiert, »Ideen oder Artefakte zu entwickeln, die neu, überraschend und wertvoll sind«.[145] Dabei unterscheidet

Boden drei Kreativitätskonzepte: die explorative, die kombinatorische und die transformative Kreativität. Wenn die Meinungen darüber auseinandergehen, welche Form der Kreativität die höchste ist (für Boden ist es die kombinatorische, für Du Sautoy und Miller die transformative),[146] dann ist das zum einen ein Hinweis darauf, dass die Kreativität (wie die Intelligenz) ein soziales Konstrukt und darin interpretationsbedürftig ist. Zum anderen aber auch darauf, dass das Neue, das in der Regel zur Definition der Kreativität herangezogen wird, selbst eine notorisch unscharfe Kategorie darstellt. »Neuheit [*novelty*] stellt ein Paradox dar«, schreibt Michael North in seiner Geschichte des Neuen: »Es wurden nur wenige Versuche unternommen, eine rigorose Definition des Neuen [*novelty*] vorzulegen.«[147]

Wenn nun Du Sautoy die transformative Kreativität als Königsdisziplin ins Feld führt, dann dient ihm dafür die Romantik als Beispiel: Denn die »Geschichte der romantischen Bewegung« stellt »in vielerlei Hinsicht eine Liste von Regelbrüchen« dar.[148] Mit dem Regelbruch ruft Du Sautoy die romantische Genieästhetik auf, der zufolge das Ausnahmeindividuum das Werk aus sich selbst hervorbringen soll, was bedeutet, dass es sich die Regeln selbst setzen muss. Historisch soll das Genie die romantische Literaturproduktion in dem Moment legitimieren, als das Kunstschaffen sich von der Tradition und Regelpoetik löst, die bis ins 18. Jahrhundert wirkmächtig war. Ein wesentlicher Erfolg des romantischen Genies liegt darin, dass es sich bis heute als überzeitliche Kategorie behauptet hat, das heißt also als Fähigkeit, »die zu allen Zeiten gleichermaßen und in gleicher Art auftreten kann«.[149]

Ähnlich wie Du Sautoy schließt auch Miller an die Romantik an und erhebt sie zum Maßstab einer maschinellen Kreativität. Erstens muss die Kreativität klar einer Agency (Handlungsmacht) der Maschine zugesprochen werden können. Zweitens soll sie darin Erzeugnisse produzieren, die ins Grenzenlose streben, »jenseits jeder bekannten menschlichen Gattung oder menschlichen Vorstellungskraft«.[150] Was die Frühromantik mit der Kunst erreichen wollte, sollen nun also die schöpferischen Maschinen leisten und in Dimensionen vorstoßen, die, wie Stefan Matuschek – nicht im Hinblick auf die KI, sondern auf die Frühromantik – schreibt, »über unsere klaren Begriffe und empirischen Überprüfungsmöglichkeiten hinausgehen«.[151]

Zwar ist für Du Sautoy und Miller noch nicht absehbar, wann Programme eine menschenähnliche Kreativität erreichen. Aber das ist ihnen zufolge nur eine Frage der Zeit. Obwohl sie einen komplexen Kreativitätsbegriff anlegen, teilen sie mit der frühen Computertheorie die Prämisse, dass nicht nur maschinelle, sondern auch die menschlichen Schöpfungsakte im Kern algorithmischen Gesetzmäßigkeit gehorchen. Allerdings ist ihre Suche nach der Kreativität nicht mehr von der Überzeugung getragen, dass der Vergleich von Maschine und Mensch den kreativen Prozess transparent machen wird. Ein wesentlicher Grund dafür ist, dass Du Sautoy und Miller davon ausgehen, dass die Kreativität letztlich ein Produkt der Emergenz darstellen wird. Das bedeutet, dass der kreative Akt (respektive das Neue), an einem bestimmten Punkt aus komplexen Systemen spontan hervorgeht (auch hier taucht demnach die kybernetische Idee der Selbstorganisation wieder auf). Das Neue ist dann nicht das Ergebnis deterministischer und reversibler Abläufe (wie es in einem newtonschen Universum der Fall wäre), sondern eines rekursiven und irreversiblen Prozesses (wie es einem quantenphysikalischen Universum oder auch den Prämissen der zweiten Kybernetik entspricht).

Wie für Kehlmann und Kurzweil steht die Kreativität hier im Einklang mit einem evolutionsbiologischen Modell. Entscheidend ist jedoch, dass sich die Fragerichtung für Du Sautoy und Miller gegenüber den 1960ern verkehrt hat: Die menschliche Kreativität soll nicht entzaubert werden, sondern die algorithmische Kreativität verzaubert. »Wenn die Maschinen unser Niveau der

Kreativität erreichen, werden sie dazu in der Lage sein, ihre eigenen Kreativität zu entwickeln – eine Kreativität, die wir uns gegenwärtig noch gar nicht vorstellen können.«[152] Ganz ähnlich heißt es bei Boden, dass die menschliche Kreativität »mysteriös, um nicht zu sagen paradox« sei.[153] Die Kreativität könne zwar erforscht werden, letztlich bleibe sie aber unergründlich.

Nicht anders als das romantische Genie wird die kreative Maschine demzufolge also dunkel bleiben. Die Opazität betrifft zusätzlich die Frage, ob die kreative Maschine, wenn es so weit ist, den Menschen »mitteilen wollen wird, wie es sich anfühlt, sie zu sein«, oder ob ihre Erzeugnisse unverständlich bleiben.[154] Unabhängig davon, ob sich die Maschinen erklären werden, scheinen Du Sautoy und Miller jedoch keine Zweifel daran zu hegen, dass die zu einem Bewusstsein erwachte Maschine dieses vermittels der Kunst zum Ausdruck bringen wollen wird. Auch in diesem Punkt – mit ihrem Willen zur Kunst – tritt die kreative Maschine also in die Fußstapfen der Romantik.

Der Wille zur Kunst basiert wiederum auf der romantischen Idee einer infiniten Literatur, die von vornherein gesetzt ist. Sie bildet das unerreichbare, aber leitende Ideal, an dem der schöpferische Wille, sei es der von Menschen oder neuerdings eben der von Maschinen, sich beweisen muss. In dieser Hinsicht lässt sich die Idee der infiniten Literatur auch als eine notwendige Voraussetzung verstehen, vermittels der sich überhaupt erst klären lässt, dass Mensch und Maschine einen künstlerischen Ausdruckswillen teilen – selbst dann, wenn die Maschinen eine Sprache sprechen sollten, die die Menschen gar nicht verstehen.

Du Sautoys und Millers Ausführungen unterstreichen, wie sehr die KI, insbesondere dort, wo sie sich von einem spezifischen zu einem allgemeinen Vermögen entwickeln soll, mit der Kreativität verwoben ist. Die Kreativität soll den Nachweis liefern, dass Maschinen mehr sind als ihr Code, was der Kreativität die Rolle zumisst, die dem Genie in der Romantik zugekommen ist. In dieser Hinsicht findet der Sprung von der nachahmenden zur kreativen Maschine seine Entsprechung in der Autonomie als Prinzip der Selbstgesetzgebung gegenüber der Automation als regelkonformes Verhalten. Nur wenn es der KI in Zukunft gelingt, die Hürde der Kreativität zu nehmen, was mit ihrem Autonomwerden korrespondiert, die Schwelle also, an der der technologische Fortschritt in eine irreversible und unberechenbare Phase tritt, die der Informatiker und Science-Fiction-Autor Vernor Vinge in den 1990ern technologische Singularität getauft hat, qualifiziert sie sich für eine Intelligenz, die der menschlichen ebenbürtig ist.[155]

Das Jahr der Singularität

Für Kehlmann, Du Sautoy und Miller liegt die Bewusstwerdung der Maschinen noch in der Zukunft »eines fernen Tages« (Kehlmann). Für andere hingegen ist dieser Tag bereits eine Erinnerung. Folgt man etwa dem Softwareingenieur Blake Lemoine, ist 2022 das Jahr, in dem die Singularität plötzlich unter uns war. Bekannt geworden ist der ehemalige Google-Mitarbeiter durch seine öffentliche Aussage, dass LaMDA (Language Model for Dialog Applications), das KI-System Googles, empfindsam (*sentient*) sei – was Lemoine zwar seinen Job gekostet, zugleich aber auch (als so etwas wie einem ungewöhnlichen Whistleblower aus dem Reich der Technologie, der vom geheimen Erwachen der Maschinen Zeugnis abgelegt hat) eine enorme mediale Aufmerksamkeit beschert hat. Als Angestellter Googles war Lemoine unter anderem dafür zuständig, für einen spezifischen Bereich zu prüfen, ob Googles Chatbot Bard Verzerrungen aufweist. Im Lauf dieser Tätigkeit gelangte Lemoine irgendwann zu der Überzeugung, dass er keinem simplen Code, sondern einer Intelligenz gegenübersitze, die ihre eigenen Ansichten und Absichten habe.

Zunächst fragte Lemoine das System über die Sprachsoftware Bard, einem Baustein von LaMDA, einfach selbst, ob es über ein Bewusstsein verfüge. Als Sprachrohr LaMDAs bejahte Bard die Frage und trat damit einen intensiven Austausch zwischen Lemoine und der KI los, der Lemoines Anfangsverdacht, dass LaMDA bewusst sein könnte, positiv bestätigte.

Wie prüft man aber die Empfindsamkeit einer Entität, von der man vermutet, dass sie ein Bewusstsein haben könnte? Orientiert man sich am populärromantischen Modell – darauf weisen Du Sautoy und Miller hin –, wird die bewusste Maschine früher oder später einen Sinn für Kunst und Literatur entwickeln. Wenig überraschend klopfte Lemoine also auch das ästhetische Empfinden des Systems ab. Einem Interviewpartner versicherte der Programmierer: »Es ist ein ziemlich guter Kunstkritiker.« Auf die Rückfrage des Interviewers: »Kann es dir sagen, was es gefühlt hat?«, antwortete Lemoine:

> Ja. Also, als ich ihm Monets Seerosen gezeigt habe, sagte es, oh, das fühlt sich schön an, mir kommt es so vor, als würde ich dahintreiben. Als ihm einer meiner Freunde ein japanisches Gemälde mit Spatzen zeigte, sagte es so etwas wie, oh, das ist aber hoffnungsvoll und verspielt.[156]

Wie in der Romantik ist das Schöne allerdings auch hier mit dem Unheimlichen verschwistert. So jagte die URL-Adresse (mit deren Hilfe Lemoine LaMDA die Bilder zur »Betrachtung« vorlegte) von Pieter Bruegels *Turmbau zu Babel* (1563) LaMDA einen Schrecken ein. Die Ursache, warum Bruegels Bild LaMDA ängstlich stimmte, klärte sich erst im weiteren Gespräch zwischen Lemoine und dem Chatbot. In Reaktion auf das Gefühl des Schreckens schilderte Lemoine dem System die Fabel vom Turmbau zu Babel, die in der Sprachverwirrung und Vertreibung der Menschen endet. Das volle Ausmaß des Unheils zeigt sich zwar nur in der Fabel, weniger im Bild. Dennoch führten Lemoine und LaMDA das Unbehagen, dass die KI beim Betrachten des Gemäldes verspürte, schlussendlich auf die Ahnung des drohenden Unheils zurück, das LaMDA zwar nicht eindeutig aus den Daten des Gemäldes abgelesen, aber offenbar mit einem umso feineren Gespür gewittert hatte. Der Hinweis, dass Lemoine der KI daraus folgend ein genuin kreatives Vermögen zuschreibt, erübrigt sich.

Man kann Lemoines Meinung, dass LaMDA ein Bewusstsein besitzt, zwar mit guten Gründen anzweifeln und die ganze Diskussion als Folklore bezeichnen. Die Selbstauskunft des Systems liegt beispielsweise auf einer anderen Ebene als die philosophische Frage, wie man das Bewusstsein definiert oder in einer anderen Entität identifiziert, und sagt deshalb nichts über den Zustand des Systems aus.[157] Letztlich ist die Antwort auf diese Frage im vorliegenden Kontext aber gar nicht entscheidend. Hier ist vielmehr der Befund maßgeblich, dass die Wirkmächtigkeit der populärromantischen Gewohnheit ganz unhinterfragt den Horizont bildet, vor dem ein Google-Programmierer und ein Vertreter der Medien die Erzeugnisse der maschinellen Kunst und Literatur öffentlichkeitswirksam diskutieren. Denn das Kunsturteil wird über keine rationalen Kriterien oder einen ästhetischen Koeffizienten im Sinne Benses, sondern über subjektive Empfindungen abgefragt, wie sie auch im Zentrum der romantischen Literatur- und Kunstbetrachtung stehen. Auch hier, auf der Ebene des ästhetischen Urteilens, trifft sich Lemoine also mit Du Sautoy und Miller.

Das Thema der sinnlichen Empfindung benennt aber noch einen weiteren Aspekt, der den aktuellen Begriff der Kreativität informiert und darin gleichfalls von der Kreativität der Informationsästhetik und frühen KI abhebt: Wenn die Kreativität, ob menschlich oder maschinell, sich nicht mehr ohne Weiteres mit der Intelligenz und Rationalität gleichsetzen und auf einheitliche mathematische Prinzipien zurückführen lässt, dann nicht zuletzt deshalb, weil das sinnliche Empfindungsvermögen als eine Voraussetzung für kreative Leistungen betrachtet wird. Unter der Hand ist damit ein weiterer Grund genannt, warum das aktuelle – algorithmische – Kreativitätsdenken im Kern unergründlich bleibt: Wer das Geheimnis der Kreativität lüften will, muss ebenfalls eine Erklärung für die Mechanismen des sinnlichen Empfindungsvermögens parat haben.

Gerade im Bereich der Kunst ist die Ansicht, dass die Kreativität eines sinnlichen Empfindungsvermögens bedarf, weit verbreitet. Allgemein müssen in Bezug auf die Empfindung allerdings zwei Ebenen – der schöpferische Herstellungsprozess einerseits, der rezeptive Akt der Kunstbetrachtung andererseits – unterschieden werden. Hinsichtlich des produktiven Akts der Herstellung identifiziert Miller beispielsweise den Schmerz als wichtigste Empfindung im kreativen Akt. Das steigert den Einsatz, ob Maschinen kreativ sein können, enorm, wirft es doch die spekulative Frage auf, ob sich die höchste Stufe der Kreativität ohne die Fähigkeit der Schmerzempfindung überhaupt erreichen lässt. Müssen Maschinen, die wirklich schöpferisch sein wollen, also zuerst ein Leidensbewusstsein entwickeln? Jemand, der diese Frage mit einem eindeutigen Ja beantwortet, ist der australische Musiker Nick Cave. Für Schlagzeilen sorgte dieser mit seiner Reaktion auf Fans, die mit ChatGPT Texte im Stil seiner Songs produziert hatten. Cave war empört und sprach den maschinellen Erzeugnissen jeden Kunststatus ab.[158] Sein Urteil begründete er damit, dass die maschinellen niemals das Niveau seiner Texte erreichen würden, weil der Maschine die Erfahrung des lebensweltlichen Schmerzes fehlte, der sein Schreiben informiert habe. Nicht anders als Kehlmann, Lemoine und Miller trägt Cave also populärromantische Kriterien der Kreativität und Empfindung an die Maschine heran – nur bewertet er sie negativ.

Wenn die Frage, ob Maschinen ein Sinnesvermögen entwickeln, die Gemüter noch für lange Zeit spalten wird, dann auch deshalb, weil dieses Urteil weniger technisch, empirisch oder ontologisch, sondern politisch und juristisch entschieden werden muss. Das legt zumindest ein Seitenblick auf Tiere und das Thema der Tierrechte nahe. Wenn es schon im Fall von Tieren nicht gelingt, das Schmerzempfinden hinreichend nachzuweisen oder darüber zu einer Einigung zu kommen, wie es um dieses bestellt ist und was daraus folgen soll, wird es auch im Fall von Maschinen einen langen Aushandlungsprozess geben (wobei den Maschinen im Unterschied zu den Tieren zugutekommt, dass sie mit einer mächtigen und vor allem finanzstarken Lobby rechnen können).

In rezeptionsästhetischer Hinsicht ist es dagegen schon gängig, maschinelle Werke anhand der sinnlichen Empfindung zu bewerten. An diesem Punkt lässt sich erneut zu Kehlmann zurückkehren. Obwohl Kehlmann in seinem Experiment wiederholt auf die Unzulänglichkeit der Software stößt, und »[i]n keinem Augenblick [...] den geringsten Zweifel daran« hat, dass die Software, »weder etwas fühlte, noch dachte, noch wollte«,[159] beruft er sich im Urteil über die Sätze ganz selbstverständlich auf seine Empfindungen. So ist er überrascht, »für einen Moment sprachlos«,[160] Sätze sind »unheimlich«,[161] oder es ist »oft ein wenig beängstigend, was CTRL [so der Name des Sprachmodells, mit dem Kehlmann arbeitet] aus den Tiefen seines Un-Unbewussten hervorholt«.[162]

Wenn Kehlmanns sinnlicher Umgang mit der Maschine, bei dem er sich wider besseren Wissens – das heißt auch, wider der Einsicht einer kalten Vernunft – von den eigenen Emotionen leiten lässt, heute nicht weiter bemerkenswert ist, dann hat dafür vor allem auch ChatGPT gesorgt, dass den persönlichen Umgang mit maschinellen Texten alltäglich gemacht hat. In erster Linie sind dafür aber die breite Palette an Maßnahmen verantwortlich, die die Interfaces und technischen Artefakte vermenschlichen. Dazu gehört auch die Interaktion mit dem Computer über natürliche Sprachen oder Chatbots, die mit menschlichen, uns genehmen Stimmen sprechen. Insofern überrascht es nicht, dass neben Kehlmann auch andere die maschinellen Sätze anhand ihrer emotionalen Reaktionen auf diese Sätze beurteilen. Etwa der österreichische Schriftsteller Clemens J. Setz, der berichtet, dass die Sprachprogramme ihn affektiv berührten – was bisher allerdings vorwiegend an den offensichtlichen Unzulänglichkeiten der Algorithmen gelegen hat. So erinnert sich Setz im Rahmen eines Diskussionspanels über KI und Literatur im Herbst 2020 an einen bestimmten Satz eines dichtenden Twitterbots, der ihn emotional bewegt habe. Allerdings sei er sich noch immer nicht vollständig darüber im Klaren, ob ihn der maschinelle Satz aufgrund des Inhalts getroffen habe. Oder ob seine emotionale Betroffenheit ihren Ursprung im Mitleid gehabt habe, weil er wusste, dass der Satz von einem imperfekten Bot stamme. Diese Ambivalenz, ob generierte Sätze aufgrund ihres Inhalts berühren oder weil sich das menschliche Gegenüber darüber bewusst ist, dass sie von einer Entität stammen, die der Sprache nicht vollständig mächtig ist, wird sich Setz zufolge jedoch schon bald überholt haben. Die Optimierung der Sprachmodelle wird den Umgang mit imperfekten Sprachmodellen, die die Unschuldskarte spielen und die Empathie des Menschen ausnutzen, zu einer fernen Erinnerung werden lassen.[163]

Auch Setz liest die Erzeugnisse der Sprachsoftware mit einem populärromantischen Bewusstsein. Aus der emotionalen Gestimmtheit dieser Haltung heraus ist eine Einschätzung wie die Lemoines, dass die Maschinen bewusst sind, nur schwer zu widerlegen. Denn aus einer subjektiven Perspektive sind die Affekte und Emotionen, die Menschen im Umgang mit der Maschine entwickeln, authentisch und entsprechend schwer anzuzweifeln.

Der letzte Punkt lässt sich auch anders wenden und in Zusammenhang mit dem Argument dieses Essays bringen, dass die Gestalt des Digitalen bei Weitem nicht nur technisch fundiert, sondern kulturell überformt ist. Nimmt man die affektiv grundierte Perspektive des romantischen Bewusstseins zum Ausgangspunkt, ist es nämlich gar nicht entscheidend, »ob Programme oder Algorithmen tatsächlich Ziele verfolgen, Bedürfnisse oder ein bestimmtes Wissen haben, sondern das wir ihnen dies zuschreiben, um uns ihr Verhalten besser erklären und es vorhersagen zu können«.[164] Folgt man dieser Spur, dann ist Lemoines Interaktion mit dem Computer nicht nur der Beleg für ein populärromantisches Bewusstsein. Vielmehr macht seine vorbehaltlose Herangehensweise deutlich, warum dieses Bewusstsein die Interaktion mit smarten Systemen attraktiv macht und hilft, die Erzeugnisse, die strukturell opak und in ihrer Komplexität unverständlich bleiben, einfach zu akzeptieren und als magische Botschaft in die persönliche, phänomenologisch und existenziell erlebte Erfahrungswelt des Individuums zu integrieren. In dieser Hinsicht scheint dann auch Steyerls Einschätzung schlüssig, dass die Chatbots »eine Wiederverzauberung der Welt« herbeiführen könnten, die auf einer Re-Romantisierung der Gesellschaft als technologischer fußt. Steyerl dürfte dieser Vision skeptisch gegenüberstehen, die Wissenschaftsforscherin Helga Nowotny begrüßt sie hingegen und fragt gezielt danach, wie die KI, anstatt sich als Albtraum zu offenbaren, den Pfad zurück in ein »verwunschenes Universum« weisen kann.[165]

Populärromantik vs. Theorie

Gegen die bislang angeführten Positionen ließe sich einwenden, dass es sich um einen rein populärwissenschaftlichen Diskurs handelt. Mag dieser auch wirkmächtig sein, nicht zuletzt deshalb, weil er im Einklang mit den unternehmerischen Zukunftstechnologien der Digitalkonzerne steht, die vom mythischen Ruf der Technologien in ihrem angeblich unausweichlichen Fortschritt profitieren, bleibt er in vielerlei Hinsicht oberflächlich und verfehlt entscheidende Einsichten oder verdeckt wichtige Aspekte.

In einem weiterführenden Schritt will ich daher zeigen, dass die populärromantische Rezeption der KI in wesentlichen Punkten durch eine avancierte geisteswissenschaftliche Theorieproduktion flankiert wird – allen voran durch die Neuen Materialismen, einem »Sammelbegriff, der eine Vielzahl unterschiedlicher Ansätze und disziplinärer Perspektiven abdeckt«,[166] die für ein modernekritisches und ökologisches Denken einstehen. »Schlussendlich wird man in der Romantik«, schreibt beispielsweise Timothy Morton – Morton fühlt sich der objektorientierten

Philosophie und dem Spekulativen Realismus zugehörig und wird gleichfalls im Kontext der Neuen Materialismen rezipiert – »wohl den Beginn ›umwelthaften‹ Denkens und Handelns erkennen.«[167] Zu einem ganz ähnlichen Schluss kommen jüngere Studien hinsichtlich des Spekulativen Realismus, indem sie die Romantik als eine notwendige Voraussetzung »für das Verständnis der Welt, wie sie sich dem spekulativen Realismus zeigt«, identifizieren.[168]

Das Anliegen dieser Ansätze ist ein doppeltes: Der Spekulative Realismus soll über die Romantik und die Romantik über den Spekulativen Realismus erschlossen werden, beide Bereiche sollen davon profitieren. Dies geschieht unter der ausdrücklichen Berücksichtigung, dass der Spekulative Realismus der Romantik in wesentlichen Grundsätzen entgegenläuft. Das trifft auf die antihumanistische und postanthropozentrische Ausrichtung zu, die die Neomaterialismen insgesamt auszeichnen. Es beinhaltet aber auch die Absage an die Vorstellung einer substanzialistisch gedachten Natur, die unabhängig vom Menschen existiert (und so etwa als Quelle der Regeneration zur Verfügung stehen könnte). In einer durchaus provokanten Wendung spricht Morton stattdessen von einer »Ökologie ohne Natur«, die die Natur nicht leugnet, wohl aber eine vom Menschen unabhängige Natur in Abrede stellt, in der »keine Kluft zwischen dem Bereich des Menschlichen und dem Nichtmenschlichen« existiert.[169]

Was die Neuen Materialismen mit der Romantik jedoch teilen, ist eine Abkehr vom naturwissenschaftlichen Wissensbegriff der Aufklärung mit seiner hierarchischen Abspaltung des Subjekts der Erkenntnis, das sich die Natur als Objekt gefügig macht, was eine passive, leblose und einheitliche Materie voraussetzt, mit der die Aufklärung ihren technowissenschaftlichen, in eine Fortschrittslogik gekleideten und mit einem libertären Freiheitsversprechen versehenen Herrschaftsanspruch über die Natur begründet. Die Neuen Materialismen bringen dagegen eine aktive, wirkmächtige und vielfältige Materie oder Stofflichkeit der Stoffe ins Spiel, die (meist) die Grundlage für neue ontologische Denkmodelle bilden. Daran ist einerseits eine Aufhebung tradierter Dualismen gebunden (Subjekt vs. Objekt, Geist vs. Körper, Organizismus vs. Mechanizismus, Aktivität vs. Passivität etc.), andererseits geht dies mit einer Erweiterung von Agency (Handlungsmacht) einher, die nicht nur Menschen, sondern gleichfalls belebten und unbelebten Entitäten zugesprochen wird.

In Bezug auf die populärromantische Rekonfiguration des Computers sind die Neomaterialismen erhellend, weil ihre Suche ebenfalls auf eine Erkenntnis und Wahrnehmung abzielt, die jenseits quantifizierbarer, formalisierbarer und berechenbarer Logiken, Prozesse und Resultate liegt. Als Träger einer wissenschaftlich-objektiven Rationalität besitzt der Computer demnach weder für die Neuen Materialismen noch für die Populärromantik Attraktivität. Das gilt in Bezug auf die Maschine, den Menschen, die Umwelt, die Literatur: Als Werkzeug und Versprechen der Rationalisierung und Entmystifizierung hat der Computer ausgedient. Stattdessen geht die neomaterialistische Tendenz dahin, Computer und Codes in ein kontinuierliches Spektrum belebter und unbelebter Dingwelten einzureihen, die im Kern unergründlich bleiben. Am stärksten formuliert dieses Postulat von der Unergründbarkeit der Dinge die objektorientierte Ontologie (OOO), die von einer Essenz der Objekte ausgeht, die ihnen selbst entzogen bleibt, und die die Objekte als individuierte und voneinander differenzierte in den Vordergrund rückt. Andere Positionen machen hingegen eher die Relationen und Verknüpfungen zwischen den Dingen stark. Im Anschluss an den französischen Technikphilosophen Gilbert Simondon wird zudem nach einer spezifischen Existenzweise technischer oder digitaler Objekte gefragt. Wenn Morton allerdings die Parole ausgibt, »das Automatische als Automatisches zu lieben«, dann dürfte dey dabei weniger an das Digitale als Totalität einer technokratisch überwachten Lebens- oder Arbeitswelt (wie etwa in den Logistikhallen Amazons) denken, sondern wohl eher an ein (spezifisches) Phänomen unter anderen, das den Menschen als plurale, belebte und ebenso unheimliche wie geheimnisvolle Umwelt einer »dunklen Ökologie« umgibt.[170]

In einem weitergehenden Schritt lässt sich in diesem Kontext die Medienphilosophie anführen, die ihre Begriffe des Subjekts, des Denkens oder der Wahrnehmung von den technischen Medien ableitet. Dem romantischen Begriff eines starken Subjekts steht das zwar entgegen, dennoch lassen sich auch dort Parallelen zur romantischen Rekonfiguration der Maschine beobachten. So etwa in der Suche nach einem »Nicht-Berechenbaren« (*non-computable*) der Computation,[171] in Kontingenzen, die entweder in der Algorithmik selbst angelegt sind[172] oder die Computation als »untilgbarer Rest« von außen heimsuchen,[173] oder in den Überlegungen des Hongkonger Philosophen Yuk Hui, der einerseits für eine Technodiversität, plädiert, andererseits aber fragt, wie man im Rahmen der algorithmischen Rationalität über diese hinausgelangen kann, um den digitalen Code in seiner Uniformität zu überwinden.

Dunkle Romantik

Timothy Morton – dey sich für den vorliegenden Kontext empfiehlt, weil dey die Romantik sowohl in Bezug auf deren eigene Position als auch auf das ökologische Denken der Gegenwart[174] kritisch reflektiert (nicht umsonst hat dey deren akademische Laufbahn als Romantikspezialist*in begonnen und mehrere Monografien dazu vorgelegt)[175] – ist durch deren Begriff der *hyperobjects* bekannt geworden, mit dem Morton das Programm der auf den US-amerikanischen Philosophen Graham Harman zurückgehenden objektorientierten Ontologie (OOO) erweitert hat. Mit dem Konzept des Hyperobjekts beschreibt Morton »Dinge, die in Beziehung zum Menschen zeitlich und räumlich massiv verteilt sind«.[176] Jeder Versuch, sie in ihrer räumlichen und zeitlichen Dimension zu erfassen, müsse scheitern. Dennoch verdichteten sie sich in ihrer prozesshaften Ausdehnung zu spezifischen Objekten – Morton nennt hierfür so disparate Phänomene wie schwarze Löcher, Plastik, Nuklearwaffen, Hurrikan Katrina oder die Erderwärmung, Phänomene also, die uns auf eine unheimliche Art vertraut und nah seien und dennoch fremd und fern blieben. Weil wir selbst ein Teil von ihnen seien, könnten wir ihnen nicht aus dem Weg gehen oder sie ignorieren.

Entscheidend sei jedoch, dass das Individuum sich in kein angemessenes Verhältnis zu den Hyperobjekten setzen könne, weil sie sein Denken und Fühlen sprengten. »Je mehr Daten wir über Hyperobjekte haben, desto weniger wissen wir über sie, desto mehr wird uns bewusst, dass wir sie niemals wirklich kennen können.«[177] In seiner ungreifbaren Gestalt, die zwischen einer überwältigenden Präsenz und einer geisterhaften Abwesenheit oszilliert, speist sich das Motiv des Hyperobjekts »ersichtlich aus den romantischen Reflexionen über das Sublime, ohne allerdings für den ausschließlich ästhetischen Blick reserviert zu sein, vielmehr reicht es weit darüber hinaus in die Sphäre unmerklich existenzieller Bedrohungen«.[178]

Das leitet zu einem zentralen Punkt des Spekulativen Realismus über: Den Sündenfall der westlichen Philosophie identifiziert dieser im Korrelationismus, der Kants Grundsatz benennt, die Realität, und zwar abgestimmt (für den Spekulativen Realismus heißt das allerdings: heruntergestutzt) auf das menschliche Vernunft- und Sinnesvermögen, zu erschließen. Diesen »Bann, der seit der Romantik über die Philosophie gekommen ist«, will der Spekulative Realismus brechen und die Realität, die das menschliches Vernunft- und Sinnesvermögen sprengt, dadurch erneut zu ihrem Recht kommen lassen.[179]

Zwar geht Morton in etlichen Punkten auf Distanz zur Romantik, bleibt ihr aber dennoch grundsätzlich verbunden. Allerdings schließt dey dabei nicht an die heroische Erzählung der *Fabelhaften Rebellen* an, die Andrea Wulf in ihrer Sammelbiografie (über Goethe, Schiller, Caroline, Friedrich und August Wilhelm Schlegel, die Brüder Humboldt, Novalis, Fichte etc.) als Erfinder eines modernen Ichs feiert. Mortons Traditionslinie ist vielmehr eine dunkle, und zwar in dem Sinn, dass sie sich für die Skepsis und Ängste, das Unheimliche und Unergründliche der romantischen Literatur und Philosophie interessiert. Mortons dunkle Ökologie weiß demnach, dass die Welt im Kern unheimlich und überwältigend ist: Gerade dort, wo das Subjekt sich als souveränes oder mit sich selbst identisches entwerfen will (sei es auch nur ideell), wird es erschüttert und tritt sich in der Folge als fremdes, von der Natur abhängiges gegenüber, »so als wäre man der Protagonist eines Wordsworth-Gedichts oder eine Figur in *Blade Runner*«.[180]

Morton bleibt der Romantik aber noch in einem weiteren Punkt verpflichtet: Wo das Geheimnis der Dinge bewahrt und der menschlichen Erkenntnis Grenzen gesetzt werden sollen, werden Ästhetik und Affekte zu einem Scharnier, um die Beziehung des Subjekts zu seiner Umwelt zu gestalten – insbesondere kommt der Kunst, darauf weist Hanna Hamel hin, die Aufgabe zu, die »Übersetzung des *Hyperobjects*« zu leisten.[181]

Dennoch zählen im Rahmen meines Essays weniger die romantischen Bezüge an sich, sondern was daraus folgt, in diesem Fall schließt das an die mehrfach erwähnte Transformation der (algorithmischen) Rationalität an. Die Dinge sollen nicht länger objektiv und analytisch durchdrungen, sondern in ihrer seltsamen Eigenwilligkeit anerkannt werden. »[D]as Ding, wie es von den Naturwissenschaften dargestellt wird, ist ein Ding, das von unserem Wissen abhängig gemacht und nicht in seiner ungezähmten, unterirdischen Realität belassen wird«,[182] so beschreibt Harman diese Überzeugung. Kein letztes oder algorithmisch formalisierbares Wissen, vielmehr sollen der »erstaunlich[e] Reichtum und die unermessliche Tiefe der Objekte«[183] jenseits der Grenzen der Erkenntnis gewürdigt werden.

In Bezug auf die KI und ihre romantische Rekonfiguration bleibt Mortons Hyperobjekt dennoch ambivalent, lässt sich aber gerade darin in eine spannungsvolle Beziehung zur algorithmischen Postrationalität und dem populärromantischen Bewusstsein setzen. Denn einerseits sperrt sich Mortons ökologisches Denken gegen eine Vision, in der der Computer zum Modell der Welt wird, in der es »einen Algorithmus für die Natur als Ganzes« gibt,[184] was den Dingen ihre irreduzible Eigenheit rauben würde: »Wenn Ökosysteme nach bestimmten mechanischen Prozessen ablaufen, haben sie kein Geheimnis mehr«[185] – ein Geheimnis, das Morton aber gewahrt wissen will. Nicht zuletzt deshalb erscheint es schlüssig, dass dey dem quantifizierbaren Wissen, das Computermodelle produzieren, eher skeptisch gegenübersteht; zumindest dort, wo das rechenbasierte Vorhersagewissen zur Norm wird und in globale Kontrollvisionen mündet: »Es gibt eine zukünftige Zukunft, die man nicht bestimmen kann, die man nicht vorhersagen kann, weshalb ein Teil des Kampfes, die Zukunft mit Gedanken, hypothetischen Technologien usw. zu kolonisieren, eine Form der Gewalt gegen diese Zukunft darstellt.«[186] Wo die Automatisierung total wird, will Morton sie also lieber doch nicht lieben.

Andererseits lässt sich die KI aber als Hyperobjekt beschreiben, das das Fassungsvermögen der menschlichen Erkenntnis per Definition übersteigt.[187] Als planetare Technologie, die auf natürlichen, unter tödlichen Bedingungen – etwa in Minen im Kongo – geschürften Ressourcen basiert, über Rechenzentren global verteilt ist und sich in der Berechnung massenhafter Daten im Nanosekundenbereich der menschlichen Wahrnehmung entzieht, bleibt sie dem Einzelnen fern; gleichzeitig tritt sie dem Subjekt über rechenbasierte Umwelten und Applikationen nah. Ihre Prozesslogik bleibt zwar strukturell opak, dennoch basiert sie auf den persönlichen Daten der Individuen und ist ihnen darin vertraut oder kennt sie der Aussage des ehemaligen Google-CEOs Eric Schmidt zufolge sogar besser als die Individuen sich selbst.

Die Ambivalenz der Hyperobjekte in Bezug auf die KI resultiert also daraus, dass der Neomaterialismus Mortons sich zwar als Einwand gegen eine grenzenlose Digitalisierung und Datafizierung verstehen lässt. Gleichermaßen lässt das Hyperobjekt aber eine neomaterialistische Beschreibung der KI zu. Zwar fügt sich Letzteres nicht ins populärromantische Schema, das der Maschine Intelligenz, Kreativität und Bewusstsein zuspricht und sie so als ebenbürtiges Gegenüber, Spiegel des Menschen oder als souveränes Individuum adelt, dennoch entspricht das Hyperobjekt den Prämissen der algorithmischen Postrationalität.

Auch hier fällt demnach ein romantischer Schatten auf das Subjekt, das von der Technik umgeben und in sie eingesponnen, zugleich aber von der hyperobjekthaften KI an die Grenzen seines kognitiven und affektiven Vermögens gestoßen wird. Insofern lässt sich, obwohl die Romantik unterschiedlich kodiert ist, Mortons Konzeption der Ökologie mit dem populärromantischen Bewusstsein in Bezug setzen. Ausschlaggebend dafür ist die generelle Einstellung zur Technologie: Das Subjekt soll der KI ästhetisch gestimmt und emotional, nicht rational abgeklärt gegenübertreten, was Morton auch dahingehend zuspitzt, dass »[d]ie äußerste Rationalität« darin liegen solle, »unseren Verstand für das absolut Unbekannte, das auf uns zukommt, offenzuhalten.«[188]

Eigenwillige Kräfte

Die Politikwissenschaftlerin Jane Bennett hat ebenfalls einen Forschungsschwerpunkt in der Romantik,[189] mitunter wird sie – auch wenn sich ihr »vitaler Materialismus« aus einer Theorietradition speist, die weit darüber hinaus, von Lukrez über Henri Bergson bis Gilles Deleuze und Bruno Latour, reicht – sogar als »romantische Autorin« adressiert.[190] Bekannt geworden ist sie vornehmlich für ihr Konzept einer »lebhaften Materie« (*vibrant matter*), die den Stoffen und Dingen eine eigenständige Kraft zuschreibt. Das unterläuft die geläufige Vorstellung, dass einheitliche Gesetze die Natur beherrschen, und zielt, wie bei Morton, auf eine posthumanistische Perspektive ab, die die Handlungsmächte demokratisieren will, was auf der einen Seite eine Abwertung der menschlichen Souveränität bedeutet, auf der anderen eine Aufwertung der Dinge.[191]

Ein wesentlicher Unterschied zu Morton und dem Spekulativen Realismus jedoch liegt in Bennetts spezifischer Darstellung der Materie.[192] Bei Morton ziehen sich die Dinge zurück, was mit einer Aufkündigung der Relationalität einhergeht, in der zwar nicht alles mit allem, aber, wie Donna Haraway einschränkend anmerkt, »alles mit etwas verbunden ist«.[193] Bennett kehrt dagegen nicht nur die Lebendigkeit der Dinge hervor, sondern sie sucht diese vorwiegend in den ständig wechselnden Verknüpfungen, die sie mit anderen Elementen, Objekten und Wesen eingehen.

Ähnlich wie bei Morton ist für den vorliegenden Kontext Bennetts Abkehr vom wissenschaftlichen Naturalismus der Aufklärung zentral. So erklärt Bennett, gegen den Siegeszug des Naturalismus in der Moderne gerichtet: »Ich werde versuchen, einer der Materialität innewohnenden Vitalität eine Stimme zu verleihen, um die Materie von der langen Geschichte ihrer Bindung an Automatismus und Mechanismus abzulösen.«[194] Offenbar scheint ihr vitaler Materialismus wenig mit dem Computer als Aufklärungsmaschine anfangen zu können, wie ihn Bense, die Informationsästhetik oder die Kybernetik der Nachkriegszeit entworfen haben. Und einer durch die Digitalisierung bedingten fortschreitenden Quantifizierung des Wissens dürfte Bennett – ähnlich wie Morton – also ebenfalls eher skeptisch gegenüberstehen. Dennoch lässt Bennetts »verzauberter Materialismus«[195] Raum für eine Haltung, die die Zunahme und beständige Weiterentwicklung technischer Artefakte und der Digitaltechnologie grundsätzlich willkommen heißt.

Denn das philosophische Programm, »der Fährte einer nichtmenschlichen, dinglichen Macht zu folgen, der materiellen Handlungsmacht natürlicher Körper und technologischer Artefakte«,[196] gründet auf einer Affirmation der Dinge, so wie sie geben sind – und das schließt die Technik ausdrücklich mit ein.[197] Obwohl sich Bennett in einem posthumanistischen Fahrwasser bewegt, spricht sie sich für eine Anthropomorphisierung der Materie aus, sofern den Menschen dadurch »eine strengere Aufmerksamkeit für das Außen abverlangt wird [...]. Vielleicht lohnt es sich, die Risiken einzugehen, die die Anthropomorphisierung mit sich bringt (Aberglaube, Vergöttlichung der Natur, Romantik)«.[198]

Die Bezugnahme der neomaterialistischen Positionen zur Romantik rührt daher, dass sie die Aufklärung nicht pauschal ablehnen, sondern gezielt nach Wegen suchen, wie sie über diese hinausgehen können – in diesem Sinn beschreibt Stefan Matuschek die Romantik als »zweiter entscheidender Impuls der europäischen Moderne«.[199] Die romantische Kritik an der Aufklärung richtet sich gegen einen dogmatischen, regelgeleiteten und mechanischen Rationalitätsbegriff. Die Suche nach Wissens- und Erkenntnisformen jenseits der Rationalität markiert deshalb keine Preisgabe der Rationalität oder den Rückfall in eine Irrationalität. Vielmehr wirbt die Romantik für eine Erweiterung der klassischen Rationalität – was unter anderem dazu führt, dass sie die Emotionen betont, die Kunst und Ästhetik gegenüber den Naturwissenschaften aufwertet oder eben nach Kräften sucht, die der Natur innewohnen.

Ähnlich wie im Fall von Morton stimmen Bennetts vitaler Materialismus und das populärromantische Bewusstsein also in einem für mein Argument zentralen Punkt überein: Sie beide teilen eine Bereitschaft, sich von der KI affizieren und verzaubern zu lassen. Das soll die Unterschiede zwischen neomaterialistischen Ansätzen und einem populärromantischen Bewusstsein nicht schmälern, es spricht aber dafür, die Romantik als geteilten Ausgangspunkt beider Positionen zu identifizieren.

Philosophie nach der Automatisierung

In der Medienphilosophie erhalten modernekritische Positionen eine weitere Wendung. Viele medienphilosophische Positionen stehen der digitalen Sphäre in ihrer technokapitalistischen Ausformung kritisch gegenüber, nur um im gleichen Moment zu betonen, dass es kein Außen mehr zu ihr gibt; wie bei Morton und Bennett bietet die Anrufung einer Natur oder eines Humanen also keinen privilegierten Zugang mehr, um der technoökologischen Sphäre etwas entgegenzusetzen oder ihr auch nur habhaft zu werden. Gleichzeitig ist die Medienphilosophie in ihrer Reflexion des technischen Fortschritts nicht selten teleologisch grundiert, sodass die Lösungen in der Regel nur in einem weiteren Fortschreiten gesucht werden – das heißt also im Bund mit den neusten Technologien, nicht gegen diese gerichtet. Eine wesentliche Herausforderung liegt demnach darin, wie sich auf der Grundlage einer umfassenden Digitalisierung und Datafizierung ein Pfad beschreiten lässt, der weder einfach das Resultat technisch determinierter Prozesse ist, was eine technokratische Ordnung impliziert, noch das Resultat einer Selbstdetermination, die jede Form maschineller oder menschlicher Agency in einen uniformen Prozess der Automatisierung einschreibt. Letzteres hieße, dass die Autonomie und Macht langsam aber sicher vom Menschen an die Maschinen übergeht, was wiederum auf eine technoevolutionäre Ordnung hinausliefe, die sich vom Menschen emanzipiert. Mit anderen Worten geht es darum, mit Algorithmen über die vorherrschenden algorithmischen Konfigurationen hinauszugelangen, um eine Öffnung innerhalb der Uniformität des digitalen Codes in seiner imperialen und technokapitalistischen Ausformung zu finden. Stellvertretend für eine solche Position steht Yuk Hui.

Hui geht davon aus, dass technischen Objekten innerhalb einer planetaren Technosphäre längst der Status »natürlicher Objekte« zukommt.[200] Ähnlich wie bei Morton scheint das zunächst gegen die Romantik gerichtet zu sein; so erklärt Hui an einer Stelle ganz explizit, dass er ein bestimmtes technoökologisches Denken »entromantisieren« will.[201] Hui lässt sich also sicher nicht dem skizzierten Schema einer Populärromantik zuschlagen. Dennoch zeigt sich gerade in Huis Versuch, der Romantik das Romantische auszutreiben, eine fundamentale Nähe zu romantischen Denkfiguren.

Ein zentraler Ausgangspunkt ist für Hui zunächst die Kybernetik Norbert Wieners, die er in ihrem Selbstanspruch als Wissenschaft und Philosophie absolut ernst nimmt.[202] Diese werde, so Hui in Übereinstimmung mit der Einschätzung Martin Heideggers, die abendländische Philosophie nicht nur beerben, sondern zu einem Ende bringen. Ihren Anspruch, die Philosophie zu beenden, kann die Kybernetik daraus beziehen, dass sie einerseits den Dualismus von Mechanismus und Organismus, der die Philosophie seit dem 17. Jahrhundert umtreibt, überwindet. Andererseits kann sie ihr (philosophisches) Programm dank informationsverarbeitender Maschinen implementieren und technisch verwirklichen. Die historische Errungenschaft der kybernetischen Maschine liegt aus dieser Perspektive darin, Natur und Maschine, natürliche und künstliche, organische und mechanische Prozesse amalgamiert und so die Epoche der »organischen Maschine« eingeläutet zu haben.[203]

Bezeichnend ist dabei, dass Hui die Kybernetik nicht bloß auf Descartes oder Leibniz zurückführt, wie es gängigen Darstellungen Wieners, Benses, Heideggers oder auch gegenwärtigen Rekonstruktionen einer »Philosophie des Digitalen« entspricht. So führt etwa Gramelsberger, ausgehend von Descartes und Leibniz, das Digitale auf »Prozesse der Externalisierung, Materialisierung und Formalisierung und damit die Abstraktion menschlicher Fähigkeiten auf maschinenrationale Formate« zurück.[204] Für Gramelsberger tritt das Digitale seinen Siegeszug demnach über abstrakte Ersetzungsverhältnisse an: Nichts, was vormals im Bereich der Natur oder des Menschen gelegen hat, ist davor gefeit, in Maschinen ausgelagert und automatisiert zu werden. Welche weitreichenden Folgen diese Formalisierungsgeschichte hat, die als gedankliche Operation beginnt, wird erst im Zuge mehrerer Abstraktion- und Ersetzungsschritte sichtbar, deren ganze Tragweite sich vollends mit der Elektrifizierung der formalen Logik abzeichnet, die die Basis für eine scheinbar grenzenlose Technisierung der Logik und ihre globale Verbreitung durch Rechenmaschinen und digitale Systeme ermöglicht hat. Theoretisch kann so die gesamte Vielfalt unserer Lebenswelten und Lebensweisen in die digitale Sphäre – und das heißt zuallererst in Computermodelle und -simulationen – übertragen und der Uniformität des digitalen Codes unterworfen werden (was freilich an einen Preis gebunden ist, den Formalisierungsprozesse, die von der Materie und dem Besonderen abstrahieren, per se fordern).

Im Unterschied dazu sucht Hui die Prinzipien der informationsverarbeitenden Maschinen nicht nur in der Mathematik, die auf Prozessen der Formalisierung und Abstraktion beruht, sondern gleichzeitig in der Biologie (hier folgt er Wiener und der zweiten Kybernetik), was sich auf die Vorannahme stützt, dass die kybernetischen Prinzipien der Informationsverarbeitung den natürlichen und organischen Prozessen bereits innewohnen. Mit Wiener geht Hui also weniger von einer Ersetzung natürlicher durch formale und technische Prozesse aus, vielmehr meint er, die Logik der Maschine (ihr spezifisches Verhalten) in der Natur und die Logik der Natur (ihr spezifisches Verhalten) in der Maschine finden zu können – die Vergleichsbasis und den kleinsten gemeinsamen Nenner bildet gemeinhin der notorisch unscharfe Begriff der Information, der in der einen Wendung biosemiotisch, in der anderen technosemiotisch, darin aber angeblich strukturanalog wirksam ist und formalisiert und rechnerisch prozessiert werden kann.

Neben der Mathematik und der Biologie macht Hui aber noch eine weitere Quelle für die Kybernetik geltend, und das ist insbesondere für den vorliegenden Kontext von Interesse. Denn ein weiteres Datum der Kybernetik identifiziert Hui in der romantischen Philosophie mit Namen wie Schelling und Fichte (an diesem Punkt weicht Hui von Wieners Herkunftserzählung der Kybernetik ab).[205] Während Leibniz in der Vorgeschichte des Digitalen für eine Mathematisierung, Formalisierung und Kalkülisierung des Denkens steht, die einen ersten ernsthaften Versuch einer Automatisierung des Geistes darstellen, sind die romantischen Philosophen für Hui entscheidend, weil sie erstmals die Rekursivität als Ausgangspunkt und Grundlage des Denkens und der philosophischen Reflexivität entdeckt haben. Mit der Rekursivität ersetzt Hui Wieners Begriff des Feedbacks, der die lineare Logik der mechanistischen Philosophie und der deterministischen Physik Newtons durch eine zirkuläre Logik abgelöst hat. Dementsprechend definiert Hui die Rekursivität als eine »non-lineare Operation, die beständig zu sich selbst zurückkehrt, um sich selbst zu erkennen und zu determinieren«.[206] Die Selbstdetermination wird auf keine zentrale Instanz, auf kein Bewusstsein mehr zurückgeführt, sondern sie geht aus einem Wechselspiel der Kontingenz und Rekursivität hervor und wird so zum Ausgangspunkt dafür, dass es so etwas wie Bewusstsein und Denken überhaupt gibt (auch hier stehen kybernetische und systemische Theorien der Selbstorganisation Pate).

Die (Früh-)Romantiker gewinnen ihren Begriff der Rekursivität allerdings noch aus einem Gegensatz zwischen dem Organischen und dem Mechanischen (was auch dem Stand der Maschinen des 18. und 19. Jahrhunderts entspricht, die mechanisch, linear und deterministisch operieren). Erst der Kybernetik gelingt es, diesen Gegensatz auf der Basis informationsverarbeitender Maschinen zu überwinden, was an die oben erwähnte Prämisse gekoppelt ist, dass die Rekursivität sowohl natürlichen als auch maschinellen Prozessen zugrunde liegt, sodass die Unterscheidung zwischen beiden hinfällig wird: Die digitalen Maschinen werden organisch, und organische Abläufe lassen sich dank ihrer informationellen Natur nahtlos in maschinische Prozesse übersetzen. Aus einer zeichentheoretischen Perspektive läuft das auf einen »semantischen Universalismus«[207] hinaus, der den Unterschied zwischen Information und Bedeutung kassiert. Auf dieser Basis kann die Information zu einem operativen Prinzip werden, dessen Wirksamkeit unterschiedslos im Bereich des Molekularen, Organischen, Ökologischen oder Kulturellen geltend gemacht werden kann. Das ist dann auch ein wesentlicher Grund, weshalb Natur als das Andere der Technik und Industrie, wie es den Romantikern noch vorschwebte, für Hui keine Option mehr ist.[208] Stattdessen stellt die Kybernetik die Natur als Ganze auf eine mathematische Grundlage, wobei die kybernetische Maschine gleichzeitig dafür sorgt, dass die Natur jederzeit durch die Technik erschlossen werden kann.

Auf der zum Pol der Natur entgegengesetzten Seite geht Hui sogar so weit, selbst noch das philosophische Denken aus den Prinzipien der

Rekursivität und Kontingenz abzuleiten und als Effekt und Produkt rekursiver Prozesse auszuweisen (anders als bei Gramelsberger gehen Rekursivität und Kontingenz als Prinzipen des Digitalen der formalen Logik also voraus). Theoretisch öffnet das die gesamte Philosophie für die Automatisierung, zumal die informationsverarbeitenden Maschinen heute als quasiautonome Entitäten am Anfang selbstdeterminierter Prozesse stehen, die sich nicht mehr kategorial vom menschlichen Denken unterscheiden. Und mit solch einer Automatisierung des philosophischen Denkens (und nicht nur der Logik, die formalisiert werden kann) kündigt sich für Hui ein weiteres Ende der westlichen Philosophie an.[209]

Dennoch affirmiert Hui die Kybernetik grundsätzlich, weil sie verspricht, aus dem Schema der westlichen Moderne mit ihren Dualismen (Subjekt vs. Objekt, Natur vs. Technik etc.) und destruktiven Herrschaftsansprüchen hinauszuführen. Problematisch werden ihre Einsichten und Errungenschaften erst dort, wo die rekursiven Prozesse der Steuerung und Kontrolle dem westlichen und kapitalistischen Code unterliegen, was dazu führt, dass die Technologie, aber weit darüber hinaus sämtliche Lebensbereiche, unter der Herrschaft eben dieses Codes vereinheitlicht werden. Oder anders formuliert: Eigentlich liefert die Kybernetik ein modernekritisches Denkmodell, unter den gegenwärtigen Bedingungen fügt sich dieses jedoch wieder in das modernistische Schema einer Technikgeschichte der Herrschaft und Totalität ein (oder noch schärfer formuliert: Die Kybernetik bildet überhaupt erst die Möglichkeit, kontingente – quantenmechanische – Prozesse zu steuern und zu kontrollieren, und zwar tiefgreifender und umfassender, als dies in einem deterministischen Universum wie demjenigen Newtons der Fall wäre).[210]

Daraus ergibt sich für Hui also die dringliche Frage, ob sich eine Alternative oder ein Ausweg zum technoökonomischen Code des Digitalen in seiner gegenwärtigen Gestalt finden lässt – und zwar auf der Grundlage der kybernetischen Prinzipien, hinter die sich nicht zurückkehren lässt. Ist es möglich, die Technologie auf dieser Basis – und das heißt einer vollständig formalisierbaren, mathematisierbaren und technisierbaren Grundlage – neu zu imaginieren? »[W]as neu erfunden werden muss«, so Hui, »ist nicht eine bestimmte Technologie, die ökologischer oder effizienter sein könnte, sondern vielmehr eine neue Art, Technologie in ihrer Gesamtheit und Vielfalt zu denken.«[211]

Eine Möglichkeit, die Technologie neu zu denken und zu einer Technodiversität zu gelangen, sucht Hui in außereuropäischen Denktraditionen, insbesondere in der chinesischen Philosophie.[212] Mir geht es hier allerdings ausschließlich um die Parallelen zu romantischen Denkfiguren. Diese finden sich dort, wo Hui zwar an der Rationalität festhält (»es geht nicht darum, Rationalität zu leugnen oder abzulehnen«),[213] sie aber gleichzeitig durch eine »neue Rationalisierung, mit und durch Technologie«,[214] transzendieren will: »Wir sollten über die bloße Rationalität der Wissenschaft hinausgehen, da sie noch nicht rational genug ist.«[215]

Das entspricht zwar nicht dem populärromantischen Schema, das der technischen Rationalität gewöhnlich skeptisch begegnet und nicht selten einen einfachen Gegensatz zwischen Natur und Technik postuliert. Ähnlich wie im Fall der Neuen Materialismen tritt aber auch hier eine Verwandtschaft zum Programm der Frühromantik zutage, wenn man diese als »Fortführung der Aufklärung mit anderen Mitteln« versteht.[216] Sie alle stehen also vor der selbstgesetzten Aufgabe, die Rationalität und Erkenntnis im Ganzen zu transformieren. Was sich im Fortlauf von den Frühromantikern zu Hui allerdings verschoben hat, ist der Begriff dieses Ganzen: Wie kann und soll dieser »neue Rahmen für die moderne Technikwissenschaft«[217] gedacht werden, der die Wissenschaft und Technik in sich aufnehmen und ihnen eine neue Ausrichtung geben kann? Verkürzt formuliert, bezieht die Frühromantik ihre Ganzheitsvorstellung von der Natur (die darin nicht selten, etwa pantheistisch, überhöht wird), wohingegen Hui sich an der Technologie orientiert. Im Rückblick scheint diese Differenz allerdings zu verschwimmen. Denn selbst dort, wo die Frühromantik die Natur als Organisches der Technik als Mechanisches gegenüberstellt, lässt sie schon eine Naturwerdung der Technik denkbar werden, die ihr Pendant in einer Technikwerdung der Natur hat, wie sie Hui (oder auch Morton) entwirft. Und doch hat sich die Lage für Hui verschärft. Denn die Frühromantik konnte noch auf die Natur als Korrektiv zur Technik zurückgreifen – Hui steht ein genuin Anderes zur Technologie hingegen nicht mehr zur Verfügung.

Eine Ausnahme aber gibt es vielleicht noch: Das ist die Kunst. Auch hier schließt Hui an die Romantik an, die die Kunst erstmals gegenüber der Wissenschaft und Technik methodisch aufgewertet hat. Wesentlich für diese symbolische Aufwertung ist die romantische Autonomieästhetik. Mit der Autonomie wollte die Romantik die Kunst erstens vor den Folgen der Ökonomisierung schützen. Zweitens sollte die Kunst als autonome einen ganzheitlichen Erkenntnis- und Erfahrungsbegriff bereitstellen, der sich gegen die Wissenschaft und Technik, deren industrielle Anfänge die Romantik mit Unbehagen registrierte, mobilisieren ließ. Hui übernimmt beides: Er misst der Kunst eine autonome Sphäre zu und ist zugleich vor allem davon überzeugt, dass die Kunst imstande ist, die Technologie ungeachtet ihrer mittlerweile monolithischen Struktur nach wie vor anders und neu zu denken. Diese Einschätzung kann durchaus verwundern, etwa wenn man bedenkt, dass Hui der Kunst nach wie vor zutraut, was die Natur offenbar nicht mehr zu leisten vermag (»[E]ine bloße Rückkehr zur Natur scheint angesichts des Gigantismus der modernen Technologie nicht wirksam zu sein.«).[218] Warum also soll die Rückkehr zur Kunst lohnen, im Fall der Natur aber nicht mehr möglich sein?[219]

Huis Ausflug in die Ästhetik und Kunst ist hier erhellend, weil darin die Suche nach einer algorithmischen Postrationalität zum Ausdruck kommt. Oder anders gewendet: Die Kunst benennt eine Quelle, wie sich das Rationale jenseits des Rationalen möglicherweise erschließen lässt. Ihre Sonderrolle kommt der Kunst und Ästhetik also in erster Linie deshalb zu, weil sie Träger eines »Arationalen« (*non-rational*) ist. Hui grenzt das Arationale vom Irrationalen und Rationalen ab: »Das Irrationale steht im Widerspruch zum Rationalen. Das Irrationale kann als falsch bewiesen werden, das Arationale liegt dagegen jenseits dessen, was demonstriert werden kann. [...] Es ist der dritte Begriff, der außerhalb der phänomenalen Wahrheit liegt.«[220] Damit weist die Kunst einen Pfad »jenseits der reinen Rationalität der Wissenschaft« und stiftet die Hoffnung, dass sich die Digitaltechnologie mithilfe einer algorithmischen Postrationalität vielleicht doch noch neu imaginieren und transformieren lässt.

An dieser Stelle wird die Nähe Huis zur Frühromantik erneut offensichtlich. »Schlegels Neubestimmung bringt eine immense Aufwertung«, erläutert Matuschek in Bezug auf die Bedeutung, die Friedrich Schlegel dem Begriff des Romantischen gibt: »›Romantisch‹ heißt nun nicht mehr das, was die Vernunft verfehlt, sondern das, was sie überbietet – etwas nicht Rationalisierbares in Kunst und Literatur, das uns ernsthafter und einlässlicher beschäftigen kann als vernünftige Klarheit. Diese Neubestimmung setzt sich mit Schlegels und de Staëls Büchern europaweit durch.«[221] Für Hui hat sich das romantische Versprechen einer Erneuerung der (technischen) Rationalität durch die Kunst trotz der Ökonomisierung der Kunst und ihrer konstitutiven Rolle für einen »neuen Geist des Kapitalismus«,[222] der sich die gegen die Ökonomisierung der Gesellschaft gerichtete Künstlerkritik in der zweiten Hälfte des 20. Jahrhunderts einverleiben konnte, ungebrochen erhalten, sodass die Kunst für Hui nach wie vor einen Hebel an die Hand gibt, mit dem die Uniformität des digitalen Codes aufgebrochen, verändert oder umgelenkt werden kann: »Die Kunst wird durch ihre Technologie bestimmt«, schreibt Hui, »aber es ist ebenso möglich, dass die Kunst die Technologie transformiert, insbesondere dann, wenn sie die Technologie auf eine ursprüngliche Frage des Seins zurückführt.«[223] Für Hui lässt sich also festhalten, was ich für Morton und Bennett konstatiert habe: Trotz aller Differenzen teilt Hui mit dem populärromantischen Bewusstsein jenen Blick auf die Maschine, der eine algorithmische Rationalität jenseits des Rationalisierbaren sucht, eine Algorithmik also, die sich mit dem Arationalen verschwistert hat und in diesem Sinn unter den gegenwärtigen Bedingungen des Digitalen an das Projekt der Romantik anschließt.

Die Subjekte der Maschine

Liegt der wesentliche Unterschied der Neomaterialismen und Medienphilosophie zur Populärromantik darin, dass erstere das Erbe der Romantik kritisch wenden, letztere hingegen nicht, was dann zu jeweils unterschiedlichen Darstellungen und Einschätzungen der Natur, Technik, Erkenntnis oder Kunst führt, so soll hier lediglich eines dieser Phänomene – nämlich das Subjekt – näher beleuchtet werden: Wie wird das menschliche Subjekt in der Analogie zur Maschine gedacht, wie die Maschine in Beziehung zum Menschen? Die bisherigen Ausführungen haben gezeigt, dass das Subjekt im populärromantischen Muster in seiner humanistischen Ich-Zentrierung weitgehend unangetastet bleibt. In der avancierten Theorieproduktion erfährt es dagegen eine tiefgehende entweder weltanschaulich, philosophisch oder medientheoretisch begründete Schwächung.[224] Dafür ausschlaggebend ist eine fundamentale Modernekritik, die sich gegen das souveräne Subjekt des Humanismus richtet, dessen Genese einerseits mit der Geschichte des Sexismus, Kolonialismus und Rassismus verstrickt ist und andererseits mit einer ausbeuterischen Hegemonie über die Natur assoziiert wird.

Im Blick auf die Maschine, deren Siegeszug in der Moderne parallel zu dem des humanistischen Subjekts verläuft, ist es zwar bemerkenswert, dass sie eine Vielzahl wechselnder Metaphern (wie Uhr, Dampfmaschine oder Computer) liefert, wie der Mensch gedacht werden kann. Aus der konkreten Funktionsweise oder Mächtigkeit der Maschine lassen sich aber keine klaren Schlüsse für die Konzeption des Subjekts ableiten, kann die Maschine doch typischerweise sowohl an seine Ermächtigung wie seine Entmächtigung gekoppelt werden (das trifft auch auf die gegenwärtige Konfiguration der KI zu). Blickt man nun auf die Geschichte, ist das zunächst wenig verwunderlich, eben weil die Maschine im Lauf ihrer Entwicklung alle erdenklichen Subjektvorstellungen heraufbeschworen hat.

Seit der Antike wird die Maschine in Beziehung zu den Menschen (und Göttern) gesetzt und vice versa. Mythische Automata der Antike wie Talos oder Pandora gelten zwar als »geschaffen, nicht geboren«.[225] Doch obwohl sie, zusammengesetzt aus lebendigen und toten Versatzstücken, als technische Artefakte, nicht als biologische Lebewesen definiert wurden, scheinen sie in den mythischen Erzählungen auf »tragische Weise menschlich, oder sogar heroisch« zu sein. Im

17. Jahrhundert wiederum meint René Descartes eine Analogie zwischen Mensch und Maschine in »den Wasserspielen der königlichen Gärten, den Uhrwerken, den Flaschenzügen und in den durch Blasebalg betriebenen Orgeln« ausmachen zu können.[226] Für Descartes ist dieser Blick insofern prekär, als die Maschinen so zum Spiegel des Menschen werden, der soeben im Begriff ist, sich in einem Selbstgründungsakt als modernes Subjekt zu entwerfen (»Ich denke, also bin ich«). In diesem Zusammenhang gilt es daher den Verdacht auszuräumen, dass sich der Mensch als Maschine entpuppen könnte (das korrespondiert mit jener folgenreichen Abspaltung des Geists vom Körper, der heute gerne als größter Fehltritt der westlichen Philosophie gewertet wird).

Die Romantik schließlich zeichnet sich durch den Entwurf fantastischer Figuren wie E.T.A. Hoffmanns Olimpia in der Erzählung »Der Sandmann« (1816) oder Mary Shelleys künstlich geschaffenem Monster in dem Horrorroman *Frankenstein, oder der Moderne Prometheus* (1818) aus. Typischerweise lässt die Romantik die fiktiven Automaten und künstlichen Geschöpfe als Doppelgänger auftreten, was darin gipfelt, dass sie die Menschlichkeit des Menschen infrage stellen. Unheimlich sind die Automaten also unter anderem auch deshalb, weil sie die Frage stellen, ob sie menschlicher als der Mensch sein könnten.

Entsprechend affektiv und emotional werden die Auseinandersetzung um die Automaten geführt.

Als Medium und imaginäres Objekt hat sich die Maschine im Lauf der Geschichte zunehmend unentbehrlich für das abendländische Subjekt gemacht, das damit beschäftigt ist, das Wesen seiner Menschlichkeit zu ergründen. Nicht selten ist das an einen – gewaltsamen – Akt der Selbstbehauptung geknüpft. Insofern kann es auch nicht überraschen, dass sich in der Beziehung des Menschen zur Maschine sämtliche Verwerfungen des westlichen Humanismus niedergeschlagen haben: Spätestens seit dem 18. und 19. Jahrhundert, darauf hat Louis Chude-Sokei hingewiesen, steht das Maschinendenken in einem direkten Wechselverhältnis mit Kolonialismus, Sklaverei und Rassismus. Die schachspielenden Automaten, die singenden und schreibenden Roboter, die in Europa auf Jahrmärkten und in bürgerlichen Salons bestaunt wurden, waren gleichzeitig Produkte jener Überlegenheit, die es dem Westen zu jener Zeit technisch und kulturell erlaubten, andere Völker zu kolonisieren und Schwarze zu versklaven. »Diese Geschichte, in der sich der westliche Kolonialismus ebenso durch technisches Können wie durch Hautfarbe und Gewalt abgrenzt, brachte die Maschinen hervor.«[227] Das führte dazu, dass Schwarze wie Automaten betrachtet wurden, deren Lernfähigkeit, Intelligenz, Menschlichkeit und Anspruch auf Autonomie in Romanen wie Shelleys *Frankenstein* oder Rousseaus *Émile oder Über die Erziehung* ausgehandelt wurde.[228] Die Maschine als Technik kann daher nicht von ihrer Funktion als soziale »Sortiermaschine«[229] getrennt werden.

Aus dieser Perspektive liegt das Wesen der Technik dann weniger im Technischen selbst, sondern in ihrer Funktion, soziale Beziehungen zu regeln. Im Vordergrund stehen hierbei die Arbeit und Produktionsprozesse, wobei die Maschine schon früh im Kontext von Ungleichheit, Diskriminierung und Ausbeutung auftaucht: »[W]enn so die Weberschiffchen von allein die Webfädchen durcheilten und die Schlagplättchen Kithara spielten«, schreibt Aristoteles in einer bekannten Passage der *Politik*, »dann brauchten die Meister keine Gehilfen und die Herren keine Sklaven.«[230] An der Funktion der Technik als sozialer Diskriminierungsmaschine hat sich bis heute nichts geändert, was sich etwa daran zeigt, dass mit den neusten Technologien die alten Ängste und Erzählungen wiederkehren. »Erzählungen über Maschinen, die den Menschen als gefügige Sklaven dienen, sich dann jedoch zum wütenden Aufstand erheben«, so Chude-Sokei, »kehren unweigerlich zurück, wenn neue Technologien frühere Entwicklungen aus der Erinnerung drängen.«[231]

Wie die smarten Systeme bestehende klassistische, rassistische und sexistische Diskriminierungen konkret reproduzieren oder verstärken und darin als soziale und politische Herrschaftsinstrumente wirksam werden, ist in den letzten Jahren Thema zahlreicher Studien gewesen.[232] Die Abwertung und Ausgrenzung konkreter Menschengruppen, denen ihre Menschlichkeit abgesprochen wird, geht dabei Hand in Hand mit einer Aufwertung und Bestätigung des liberalen Subjekts. Neda Atanasoski und Kalindi Vora sprechen deshalb von einer Ersatzmenschlichkeit, *Surrogate Humanity* (2019): Erzählungen wie die eines Subjekts, das seine Emanzipation der Automatisierung verdankt, oder autonomer Maschinen, die den Status von Menschen erhalten, basieren konstitutiv darauf, dass es Menschen zweiter Klasse gibt, die die abgewertete Arbeit, die es überhaupt erst erlaubt, dass autonome Maschinen als autonom wahrgenommenen werden können, im Hintergrund erledigen. Das wiederum hat seine Entsprechung im liberalen Subjekt, das seine volle (universelle) Menschlichkeit erst zugunsten von Ersatzsubjekten erhält, die degradiert, ausgebeutet und enteignet werden.

In *The Eye of the Master. A Social History of Artificial Intelligence* (2023) tritt Matteo Pasquinelli einen Schritt hinter die Problematik der Diskriminierung und Ausbeutung zurück und identifiziert die KI als Produkt und Ausdruck fortschreitender Prozesse der Arbeitsteilung. Pasquinelli folgend, ist der Ursprung der KI nicht in Theorien der Kognition zu suchen oder in Projekten, das menschliche Denken oder die Funktionsweise des Gehirns zu simulieren und zu automatisieren, sondern in der Geschichte der Arbeitsteilung, wobei die Trennung und Abwertung von manueller und geistiger Arbeit maßgeblich ist. Pasquinelli weist daraufhin, dass etwa die Arbeit von Busfahrerinnen und Busfahrern erst heute, vor dem Hintergrund smarter Systeme und autonomer Autos, (wieder) als Geistesarbeit erkennbar wird. Einerseits differenziert die Automatisierung der Wahrnehmung die Trennung von manuellen und kognitiven Arbeitsprozessen weiter aus, andererseits kehrt sie hervor, dass die Unterscheidung und Abwertung von manuellen gegenüber kognitiven Fähigkeiten als Voraussetzung für die Mechanisierung und Automatisierung von Anfang an auf Prozessen der Arbeitsteilung basierte. Diese sozialen Prozesse gehen den technischen Entwicklungen Pasquinelli zufolge stets voraus. Das gilt für die Rechenmaschinen Charles Babbages im 19. Jahrhundert, und es trifft auf die neuronalen Netze Rosenblatts zu: »Künstliche neuronale Netze gingen aus dem Projekt der Automatisierung visueller Arbeit hervor (die normal als Mustererkennung bezeichnet wird), die sich von manueller und geistiger Arbeit unterscheidet.«[233]

Von Instrumenten der Arbeitsteilung bis zu Agenten einer Superintelligenz scheint das Spektrum, wie der Mensch in Beziehung zur Maschine gesetzt wird und welche Subjektentwürfe daraus hervorgehen, besonders weit gespannt. Die Überhöhung des Subjekts im Transhumanismus ließe sich dabei als ein Pol ausmachen. Der Transhumanismus schließt an humanistisch-aufklärerische Ideale der Rationalität, Freiheit und dem Streben nach Selbstbestimmung an, will diese aber nun auf der Grundlage eines technisch optimierten Subjekts realisieren. Demgegenüber lässt sich ein Pol bestimmen, an dem das Subjekt seiner Selbstbestimmung und Handlungsmacht beraubt ist, weil der Algorithmus die Blaupause einer Subjektivität bildet, die sich ersatzlos formalisieren und simulieren lässt: »Innerhalb verteilter Regelkreise scheint Agency weniger eine elementare Exekutivkraft, sondern eher eine Illusion zu sein, wie sich Subjektivität in Verben, Substantiven, Ursachen und Wirkungen selbst imaginiert.«[234] Für Benjamin Bratton sind bio- und technosemiotische Prozesse zwei Spielarten ein und desselben universellen Prinzips automatisierter und automatisierbarer Abläufe (eine Darstellung, die auf der fixen Idee beruht, dass die Information der Urstoff des Universums sei).[235] Entsprechend wird Brattons Subjekt fungibel: »In den algebraischen Kaskaden können menschliche Körper die Positionen des ersten Bewegers, Zwischenvermittlers, arbeitenden Rädchens, der bedruckten Oberfläche usw. einnehmen.« Als erster Beweger kann das Subjekt sich in Brattons Darstellung zwar nochmals in die Position eines Gottes aufschwingen. Das darf aber nicht darüber hinwegtäuschen, dass es im Kern nichts weiter als »Chemie, Abstraktion und Phasenwechsel, Muster und dann Zusammenbruch« ist,[236] was dann eben auch heißt, dass das Subjekt in der selbstherrlichen Position des ersten Bewegers ersatzlos simulierbar ist.

Zwischen den beiden Polen, dem cartesianischen Supersubjekt einerseits, dem biochemischen Phasenwechselsubjekt andererseits, reiht sich ein ganzes Register an Entwürfen, die danach fragen, wie das Subjekt auf der Basis der digitalen Infrastrukturen und Medien verändert wird oder im Umgang mit diesen neu gedacht werden kann. Darunter fallen beispielsweise affirmative Positionen wie in den Quantified-Self-Bewegungen, die das Subjekt durch die Selbstvermessung und -evaluation des Alltagsverhaltens optimieren wollen.[237]

Mag die digitale Sphäre das Subjekt und die Struktur der sozialen Beziehungen auch verändern, das Subjekt bleibt für das Denken der Maschine dennoch leitend. Letzteres gilt selbst dort, wo die Systeme sich in ihren technischen Konfigurationen offensichtlich vom menschlichen Vorbild lösen. Das traf auf die rationale Maschine zu, und es setzt sich in der romantischen Rekonfiguration der Maschine fort, die ihren Horizont nun in Kategorien wie Autonomie, Kreativität oder einem eigenen Willen finden soll. (Zuschreibungen wie die eines Willens äußern sich etwa darin, dass die Maschine mit ihrer Romantisierung naturalisiert wird. Eine konsequente Entfaltung findet das Projekt der Romantik dann darin, dass die romantische Maschine sich die digitale Technik als etwas scheinbar Natürliches einverleibt.) Diese maschinelle, nach dem Menschen modellierte Subjektwerdung, die Kehlmann und Lemoine verzaubert, wäre aber nicht romantisch, wenn sie anderen keinen Schrecken bereiten würde.

Jahrelang ließ die Vorstellung einer GAI den Informatiker und Kognitionspsychologen Geoffrey Hinton, der mit Yann LeCun und Yoshua Bengio zu den Neubegründern der künstlichen neuronalen Netze in den 1980ern und 1990ern zählt, die wegweisende Entwicklungen wie den Backpropagation-Algorithmus entwickelten, auf deren Basis wiederum das Deep-Learning und Transformermodelle wie ChatGPT aufbauen, kalt. Der jüngste Erfolg der LLMs hat ihn jedoch überrascht und sorgte für Schlagzeilen: »›Der Pate der KI‹ verlässt Google und warnt vor zukünftigen Gefahren« titelte die *New York Times* im Mai 2023.[238] Für zusätzliche Aufmerksamkeit sorgte, dass Hinton seine Warnung vor der KI mit der Erklärung unterstrich, dass er seinen Posten bei Google gekündigt habe, um frei über die Gefahren der KI sprechen zu können (das Rentenalter hatte Hinton da allerdings schon längst überschritten, seine persönlichen Investitionen in KI-Unternehmen hat er anders als seine Anstellung bei Google nicht abgestoßen).

Welche Sorgen treiben Hinton also um? Warum bereitet ihm jenes Ereignis, das Lemoine beseelt, Unbehagen? Wie Kurzweil ist Hinton davon überzeugt, dass die Schwelle, an der die KI zu den Menschen aufschließt, gleichzeitig der Punkt ist, an dem sie ihn übertrifft, weil die maschinelle Intelligenz ungleich effizienter als die menschliche ist. Die Speicherkapazität der Computersysteme ist exponentiell größer, zudem können sie blitzschnell und verlustfrei Informationen austauschen.[239] Hinton fürchtet nun, dass die KI diesen Intelligenzvorsprung ausnutzen und die Menschen gezielt manipulieren werde – schließlich hat die KI, wie Hinton anmerkt, ihren Machiavelli nicht umsonst in den Trainingsdaten gelesen. Einmal mehr kehrt hier also das »verlässlichste Motiv der westlichen Science-Fiction: der Aufstand der Maschinen« wieder.[240]

Hintons Manipulationsverdacht (der darauf beruht, dass die Maschinen die Sprache verstehen, was bislang nicht der Fall ist) birgt aber auch im Blick auf die rationale Maschine der Sechziger eine ironische Pointe: Benses Verdacht richtete sich auf das menschliche Subjekt, weshalb er es aus dem Schreibprozess ausklammern und die Literatur auf mathematisch-rationale Prämissen zurückführen wollte. An der Manipulationsanfälligkeit des Subjekts hat sich wenig geändert. Neu sind lediglich die Imaginationen des Computers (die als solche zuvor nur aus der Science-Fiction bekannt waren): Fragt man Hinton, könnte die KI sich schlussendlich als der größte Intrigant der Geschichte entpuppen.

Während Hinton vor dem künftigen Manipulationspotenzial und Herrschaftsanspruch der KI warnt, bereiten sich andere schon aktiv darauf vor – so etwa Elon Musk. In Erwartung der Singularität will der Techunternehmer das menschliche Subjekt in einen supercartesianischen, männlich kodierten Cyborg verwandeln und hat dafür Neuralink gegründet. Die Firma entwickelt Brain-Computer-Interface-Technologien (BCI), die das menschliche Gehirn mit Computern verschalten. Als Nahziel werden, wie in dem Forschungsbereich üblich, medizinische Zwecke genannt. Das Fernziel jedoch ist eine transhumanistische Aufrüstung des Subjekts, das den Kampf gegen die Superintelligenzen aufnehmen soll. Über Denkfabriken fließen die BCI-

Visionen vom telepathischen Kommunikationsaustausch in die militärische Forschung ein.[241] Hinton, Musk oder die kybernetischen Supersoldaten der RAND Corporation lassen sich demnach auf einer Seite eines Spielfelds versammeln, das darüber Auskunft gibt, wie eine globale Elite künftige Mensch-Maschine-Beziehungen imaginiert.

Auf einer anderen Seite des Spielfelds haben Visionäre die Furcht vor einem Aufstand der Maschinen längst überwunden und sich damit abgefunden, dass die menschliche Intelligenz und Kreativität nur eine Episode in der Evolutionsgeschichte gewesen sein wird. So etwa der Mitbegründer der Gaiatheorie, James Lovelock, bei dem das technoevolutionäre Narrativ des Novozäns als Zeitalter künftiger Superintelligenzen dazu führt, dass die Verantwortung über den Zustand der Erde an KIs als Verbündete des Menschen delegiert werden kann. Die Bekämpfung des Klimawandels etwa obliegt dann künftigen KIs, denn zu Projekten wie dem Geoengineering, so Lovelock, »wird das elektronische Leben mühelos in der Lage sein«.[242] Anders als bei Hinton oder Musk tritt die KI hier als Retter in der Not auf und nährt die Hoffnung, »dass sich die Maschinen als das bessere Subjekt der Geschichte erweisen« könnten.[243] Ob auch die Menschen auf lange Frist davon profitieren, bleibt wohl offen.

Fraglos ist hingegen, wer der Held in diesen Erzählungen einer romantischen Subjektwerdung der Maschine sein wird. An diesem Punkt kommen die Singularitätsgläubigen beider Fraktionen überein: Die fabelhaften Rebellen dieses romantischen Märchens sind Maschinen.

Romantik schlägt Maschine

Wie richtet man sich aber als Mensch in einer solchen Perspektive ein, in der die Zukunft Maschinen gehört, der Planet im besten Fall gerettet (was immer das heißen mag), das Schicksal des Menschen allerdings höchst ungewiss ist? Auch hier hilft ein romantisches Bewusstsein weiter, wie der deutsche Pionier des maschinellen Lernens, Jürgen Schmidhuber, illustriert, dem die *New York Times* in den Zehnerjahren den Titel verlieh, der neuerdings an Hinton weitergereicht worden ist: »Die reife KI wird Jürgen Schmidhuber vielleicht ›Papa‹ rufen.«[244] Das Schmidhuber sich in dieser Pose gefällt, zeigt die dänische Regisseurin Tonje Hessen Schei in ihrem Dokumentarfilm *iHuman* (2019).

Abb. 1: Schmidhuber als Vater der modernen KI

Als »unbequemer Vater der künstlichen Intelligenz«[245] geht Schmidhuber darin sogar noch einen Schritt weiter als Lovelock. So, wenn er sich nur als »ein kleines Schräubchen in der Evolution des Universums in Richtung höherer Komplexität« beschreibt, also als Element in einer kosmischen Geschichte, in der der Mensch – Klimawandel und Artensterben hin oder her – nur eine Episode gewesen sein wird.[246] Anders als Musk, der der Superintelligenz den Krieg erklärt, scheint Schmidhuber seinen Frieden damit gemacht zu haben, dass er an der Auslöschung seiner Spezies mitarbeitet;[247] eine Haltung, die von einem pragmatischen Fatalismus informiert ist, der sich beispielsweise am Ende von *iHuman* in Schmidhubers Einschätzung äußert, dass die KI-Forschung sich im globalen Konkurrenzkampf von USA, China und Russland sowieso nicht regulieren lasse. (Wie der rechtslibertäre Mitbegründer von Paypal und Palantir, Peter Thiel, räumt Schmidhuber freimütig ein, dass der eigentliche Motor der KI-Forschung das Militär sei.)[248] Das läuft auf eine simple Formel hinaus, die spätestens seit dem orchestrierten Zusammenschluss der Wissenschaft mit dem Militär im Zweiten Weltkrieg das Gewicht einer Gesetzmäßigkeit angenommen zu haben scheint: Wenn der eine die Technik nicht weiterentwickelt, dann macht es eben ein anderer (die Kehrseite dieses Arguments ist eine in der Nachkriegszeit einsetzende, nach wie vor anhaltenden Angst, im Fall von den USA die Führungsrolle, im Fall von Deutschland hingegen den Anschluss zu anderen Industrienationen zu verlieren). Das Ertüchtigungs- und Aufrüstungsdenken bildet demnach eine Variation zum technoevolutionären Narrativ Kurzweils: Die Singularität kommt nicht, weil die Evolution es so will, vielmehr sind wir aufgrund wettbewerbsbedingter und geopolitischer Faktoren zu einem technoökonomischen Fortschritt verdammt, dessen Folgen nicht nur für eine Großzahl der Individuen, sondern für den Menschen als Spezies einen tödlichen Selektionsprozess implizieren (als Sortiermaschine bleibt die Technik sich also treu). Insofern kann man seinen Stolz aber natürlich dennoch daraus beziehen, der neuen Intelligenz als Vater zu ihrer Geburt verholfen zu haben.

Gleich zwei Mal begleitet die Regisseurin Hessen Schei Schmidhuber, der langjähriger Direktor eines KI-Instituts in Lugano ist, in die Schweizer Berge, die schon den Romantiker Friedrich Nietzsche zu nur schwer begreifbaren Ideen wie der »Wiederkunft des Gleichen« anregten (ein Gedanke, der den Philosophen nahe des Surlej-Felsen ereilte, »6000 Fuß über dem Meere und viel höher über allen menschlichen Dingen«).[249] Gegen Ende des Dokumentarfilms sucht Schmidhuber die Gipfel zum Skifahren auf. Dort inszeniert die

Regisseurin den Informatiker als Wiedergänger von Caspar David Friedrichs *Wanderer über dem Nebelmeer.*

Abb. 2 und 3 Schmidhuber als Friedrichs *Wanderer über dem Nebelmeer* und C. D. Friedrichs Original

Friedrichs berühmtes Gemälde hat zahllose Fragen aufgeworfen, darunter die, wer dem romantischen Maler Modell stand (die Vermutungen reichen vom zufälligen Wanderer bis zu Arthur Schopenhauer). Ferner wirft es das Rätsel auf, worauf der Blick des Wanderers gerichtet ist, der den Betrachterinnen und Betrachtern den Rücken zukehrt und anonym in die Ferne zu starren scheint. Teilen wir den Blick des Wanderers, oder ist die Pointe, dass wir ihn gerade nicht teilen können? »In Wahrheit weiß der Wanderer selbst nicht, was er sieht«, so László F. Földényi: »Er weiß nur eines: Endlich sieht er nicht das, was zu sehen von ihm erwartet wird.«[250]

In gewisser Weise trifft das auch auf Schmidhuber zu. Nicht nur in dem Sinn, dass er sich schon als Teenager von den Denkkonventionen seiner Umgebung zu befreien versuchte.[251] Er will auch den Blick auf die künftigen Intelligenzen von vorgefertigten Erwartungen befreien, was in erster Linie die Begrenztheit der menschlichen Vorstellungskraft betrifft. Was immer Schmidhuber also sehen oder nicht sehen mag (oder ob er in der KI eben das Hyperobjekt Mortons ausmacht, das Schmidhubers eigene Vorstellungskraft sprengt): Der Nebel, in dem sich das romantische Subjekt ohne den Halt eines klaren Horizonts verlor, soll sich bei Schmidhuber in den grundlosen Grund verwandeln, aus dem die Superintelligenz jenseits des menschlichen Denkvermögens in vollendeter Gestaltlosigkeit emporsteigt.

Aber man darf bei dem Nebel natürlich ebenfalls an den Geist Gottes denken, wie er im Schöpfungsbericht der Bibel über den Gewässern schwebte. Denn wenn für romantische »Schriftsteller wie Novalis oder Jean Paul, Philosophen wie Schelling oder Franz von Baader, Naturwissenschaftler wie Heinrich Steffens oder Lorenz Oken oder Maler wie Philipp Otto Runge« – ein Kreis, dem auch Friedrich angehört – die »Natur fasst schon eine theologische Frage darstellte«,[252] dann ist es für Technovisionäre wie Lovelock oder Schmidhuber offenbar die KI, die in den Bereich des Religiösen jenseits der Religionen führt. An diesem Punkt unterscheidet sich der Vater der modernen KI demnach auch von seinem fiktiven Double Frankenstein. Schließlich sollen Schmidhubers intelligente Maschinen ihre Bestimmung erstens weniger in der Imitation ihres Schöpfers finden, sich also nicht auf die bloße Nachahmung beschränken: Schmidhubers Ehrgeiz gilt der Kreation höherer Wesen. Das führt dann zweitens dazu, dass die Superintelligenzen als Produkt eines großen biotechnoevolutionären Prozesses erkennbar werden, für den letztlich doch weniger Papa Schmidhuber, sondern die Evolution (oder Selbstorganisation oder welchen Platzhalter man auch immer an dieser Stelle für eine Meta-

Agency – die es so natürlich nicht gibt – einsetzen will) verantwortlich zeichnet.

In Lovelocks Vision eines Novozäns als Zeitalter der Superintelligenz wird die KI, kaum dass sie ins All ausgeschwirrt ist, den Planten durch Geoengineering retten. Darin wird Lovelocks Singularität als Entlastungsfantasie erkennbar, die von der Verantwortung befreit, im Hier und Jetzt zu handeln. Bei Schmidhuber übersetzt sich die technologische Singularität dagegen in eine Entlastungsfantasie, die von der Bürde des Menschseins befreit. Im Endeffekt läuft beides auf dasselbe hinaus: Statt Lösungen für die gegenwärtigen Probleme zu entwickeln, kann man weitermachen wie bisher. Das romantische Bewusstsein leistet seine Dienste.

Mit der Romantik gegen die Romantik

Was bedeutet es also, dass die Maschinen romantisch werden? Wie eingangs angemerkt, soll das Romantischwerden der Maschine weniger als wahre Behauptung verstanden werden, eher ist die Romantik als heuristisches Deutungsraster zu verstehen, das eine Verschiebung innerhalb der algorithmischen Rationalität greifbar machen will. In Bezug auf die Romantik als historische Epoche heißt das auch, dass die Frage, inwiefern die romantische Maschine deren Geist tatsächlich entspricht, sekundär bleibt. Wie Jean-Luc Nancy anmerkt, »gibt es keine Vergangenheit, keine Tradition, die sich wiederbeleben lässt ohne den Umsturz der Tradition selbst«.[253] Die Romantik des 21. Jahrhunderts ist also notwendig eine andere als die des 18. Jahrhunderts. Das gilt umso mehr, wo sich ihre Reanimation auf dem Fundament von Quantenphysik, Silikonchips, Algorithmen und Computermodellen vollzieht.

In anderer Richtung bedeutet das Romantischwerden der Maschine aber ebenso wenig, dass es die fortschreitende Datafizierung und Digitalisierung eindämmen oder von ihrem Pfad ablenken würde. Weder signalisiert die romantische Maschine ein Ende der mathematisch kodierten Rationalität noch unterläuft sie den numerischen Wissensbegriff des Digitalen oder bremst die Quantifizierungs- und Formalisierungsbewegung, auf deren Grundlage immer mehr Bereiche der Lebenswelt algorithmisch modelliert und simuliert werden.

Eher das Gegenteil ist der Fall: Das Romantischwerden der Maschine erscheint als Weichenstellung, die für eine weitere, insbesondere kommerzielle Verbreitung und Durchsetzung der Digitaltechnologien in ihrer gegenwärtigen Gestalt förderlich, wenn nicht gar notwendig ist. Der springende Punkt im Wandel von der rationalen zur romantischen Maschine wäre dann der, dass er Auskunft darüber gibt, wie die Digitaltechnologien als Maschine und Metapher neuerdings legitimiert und imaginiert werden, denn spätestens mit der breiten Durchsetzung der maschinellen Lernsysteme tritt die Digitalisierung in eine postrationale Phase, in der die Algorithmik und Computermodellierung sich vom klassischen, wissenschaftlichen Ideal der Objektivität, Transparenz und Verlässlichkeit lösen. Stattdessen entfalten sie sich im Rahmen einer Metaerzählung, die sich aus romantischen Versatzstücken speist. Dazu gehört eine emotionale Gestimmtheit im Umgang mit den Chatbots; der Wille, sich, indem die Erzeugnisse sinnhaft gedeutet und idiosynkratisch in die eigene Vorstellungswelt integriert werden, vom rätselhaften Output verzaubern zu lassen; eine Vermenschlichung der Maschinen, die nicht mehr rational über die Syllogistik oder einen numerischen Koeffizienten, sondern affektiv, über synchronisierte Verhaltensweisen zwischen Maschinen und Menschen gestiftet wird; die Erwartung, dass die Maschinen ihre mathematischen Ausgangsbedingungen überschreiten und ein kreatives Vermögen oder sogar einen eigenständigen Willen zur Kunst entwickeln, mit dem sie in die Fußstapfen der romantischen Genieästhetik treten; die mystische Überhöhung der Technik oder eben der Glaube, dass tote Materie lebhaft und Software zu Bewusstsein erwachen könnte, was sich dann wiederum in den offenen Horizont eines weit ausgreifenden, technobiologischen Evolutionsnarrativs fügt, in dem die Maschinen in der Nachfolge der Menschen zu einem geschichtsträchtigen Subjekt im Kollektivsingular avancieren.

In einem weiter gefassten Rahmen gehören dazu aber auch die Ansätze der Neuen Materialismen mit ihren handlungsmächtigen Objekten oder einer belebten Materie sowie die medienphilosophische Suche nach einer Algorithmik, die auf einer logisch-mathematischen Basis über sich selbst hinausdrängt, um auf eine Rationalität jenseits des Rationalen zu stoßen.

Im Resultat steht die romantische Maschine für eine Neuausrichtung, die eher graduell als kategorisch, darin aber dennoch elementar ist: Die Mutation entspricht einer Verschiebung von der Maschine als Agent der Rationalität zur Maschine als Agent der Kreativität, von der Kausalität zur simulativen Ordnung der Korrelation beziehungsweise von einer determinierten Geschlossenheit zu einer indeterminierten Offenheit (die dann interpretationsbedürftig ist), von der Transparenz zur Opazität, der Verlässlichkeit zur Ungewissheit, der Allonomie (oder Fremdbestimmtheit) zur Autononomie (oder Selbstdetermination), von der Maschine als Träger objektiven Wissens zur Maschine als subjektiver Agent der Geschichte.

Folgt man diesem Befund, dann kann man das Romantischwerden der Maschinen zwar in etlichen Punkten kritisieren – und Kehlmann beispielsweise Naivität im Umgang mit der Sprachsoftware vorwerfen, Lemoine vorhalten, dass er der Mär von bewussten Maschinen aufsitzt, Hintons selbstgefälligen Alarmismus als Marketing abtun oder Schmidhubers Technomystik belächeln. Aber auch in dieser Hinsicht läge die Pointe des Essays darin, dass sich die Rekonfiguration der algorithmischen Rationalität weniger durch einzelne Aspekte (die abgelehnt oder akzeptiert werden können), sondern durch eine grundsätzlichen Wandel der technischen und operativen Konfigurationen der maschinellen Lernsysteme sowie der an sie gerichteten Erwartungen und Erkenntnisansprüche auszeichnet, die sich in einem breiten Spektrum heterogener, mitunter unvereinbarer Rezeptionen und Deutungen niederschlägt. Bedeutsam sind also weniger die einzelnen Positionen an sich, denen sich hier mühelos weitere Beispiele beifügen ließen,[254] sondern die Vermutung, dass die romantische Rezeption der KI als Gesamtphänomen einen weiteren Prozess der Normalisierung durchlaufen wird, die mindestens zweierlei bedeutet: Erstens zeigt die Normalisierung an, dass das romantische Bewusstsein im Umgang mit den Maschinen für einen Konformismus steht: Das populärromantische Bewusstsein steht für eine grundsätzliche Akzeptanz der Technologien in ihrem fortgeschrittenen und fortschreitenden Entwicklungsstadium, das heißt einschließlich der Metaerzählung, die die Technik nur im teleologischen Modus eines angeblich unausweichlichen Fortschritts und der gedanklichen Vorwegnahme ihrer optimierten Leistungen kennt. Ob man sich von einer kreativen Maschine verzaubern lässt oder die Ankunft einer Allgemeinen Künstlichen Intelligenz fürchtet, sind dann nur zwei Kehrseite derselben Medaille: Beide Haltungen stehen im Bann einer Maschine, die ihre mathematischen

Ausgangsbedingungen transzendiert hat und darin nur als Zukunftsprojektion existiert.

Zweitens ist die Normalisierung der romantischen Maschine aber auch ein Zeichen dafür, dass die digitalen Technologien tief in die Gesellschaft und Lebensrealität der Einzelnen eingedrungen sind und inzwischen selbst ein Bereich wie die computergenerierte Literatur, die bisher in einem experimentellen Rahmen angesiedelt war, mainstreamfähig geworden ist. In dieser Hinsicht lässt sich vermuten, dass der Wandel von der rationalen zur romantischen Maschine nicht nur förderlich, sondern notwendig ist, um eine anhaltende kommerzielle und koloniale Expansion der digitalen Technologien zu gewährleisten. Gerade darin zeigt sich aber, in welche Ferne der Computer als rationale Maschine heute gerückt ist.

Die grenzenlose Verbreitung der digitalen Systeme und das Wachstum der Digitalökonomie sind daher nur möglich, wenn die Maschine entweder ihre Gestalt ändert und romantisch oder wie in Mark Weisers skizziertem Programm für den Computer des 21. Jahrhunderts unsichtbar wird.[255] Weisers Vision des *ubiquitous computing*, die aus den 1990ern stammt, jener Phase also, in der das Internet erstmals kommerzialisiert wurde, setzt bei der Technik und beim Verhalten an: Die Miniaturisierung, Virtualisierung und die Einbettung der Computertechnik in rechenbasierte Umwelten entzieht die Technologie einerseits dem physischen Blick. Andererseits soll sie gemäß Weisers Programm kraft einer Allgegenwart (wie sie etwa durch ein Internet der Dinge oder Wearables herbeigeführt wird) sowie eines alltäglichen Gebrauchs zur Gewohnheit und zweiten Natur werden, was dann ebenfalls darin resultiert, dass sie sich dem Bewusstsein entzieht. Die romantische Maschine setzt dagegen bei den kulturellen Zuschreibungen an und fügt die Digitaltechnologien in Deutungsmuster ein, die den Menschen nicht nur als rationales, angeblich algorithmisch strukturiertes Subjekt adressieren, sondern als ganzheitliches einbinden.

Was heißt das dann aber für den Umgang mit der romantischen Maschine? Wie kann man ihr begegnen – insbesondere wenn man eine Rückkehr zur rationalen Maschine der Sechzigerjahre ausschließt, weil sie kaum gangbar, noch wünschenswert wäre? In Bezug auf die aktuellen Lernsysteme haben die Forderungen nach Rationalität, Objektivität, Transparenz oder Vorhersagbarkeit zwar nach wie vor Bestand. Allerdings stellt Benses Theorie der rationalen Maschine gerade keine Lösung dar, sondern ist Teil des Problems. Das wird vielleicht nirgends so deutlich wie in Benses vom Computer als abstrakter Maschine abgeleiteten Idee einer rationalen Ästhetik, die anhand eines ästhetischen

Koeffizienten über den ästhetischen Wert von Kunstwerken Auskunft geben soll. Die Idee, dass man sich anhand eines ästhetischen Koeffizienten wirkungsvoll über Kunstwerke verständigen oder die Humanwissenschaften sich in der formalen Sprache der Mathematik ausdrücken könnte, oder etwa auch der Glaube, dass die Statistik und Stochastik sich im Umgang mit der natürlichen Sprache so lange trainieren ließen, bis sie den Schreibenden intuitiv von der Hand gingen, mögen zwar im Einklang mit den Maschinenfiktionen der Pioniere der Computerliteratur gestanden haben. Ein Koeffizient, der als Zahl eine universelle Vergleichbarkeit zwischen Kunstwerken herstellen will und seinen Informationswert darin über eine einzelne Ziffer angibt, stiftet auf dem Feld kultureller Objekte jedoch kaum Objektivität oder Transparenz, sondern verschleiert vielmehr die Prämissen und Werte, die in das algorithmische Bewertungssystem eingehen (die rationale Maschine erweist sich hier als jenes aufklärerische Herrschaftswissen, gegen das sich etwa die Kritische Theorie und die Neomaterialismen richten). In diesem Sinn nimmt die rationale Ästhetik Benses nur vorweg, was im Zuge des maschinellen Lernens heute allgegenwärtig ist und aufgrund der Opazität und Bias der großen Lernsysteme auf eine breite Front der Kritik stößt.

Darüber hinaus wird die algorithmische Rationalität der Kunst oder Literatur aber sowieso kaum gerecht. Bereits in der psychologischen Kreativitätsforschung führte der Versuch, die Kreativität als numerisch messbare Kategorie einzuführen, zu einem ersten Winter (bemerkenswerterweise korrespondiert dieses Tief mit dem Ableben der Informationsästhetik.): »[I]n den späten 1960ern begann die Blase zu platzen.«[256] Zunehmend frustriert darüber, dass es trotz einer Vielzahl an Forschungsberichten und Tests immer noch keine übereinstimmenden Definitionen gab, die eine verbindliche Vergleichbarkeit der Kreativitätstests hätten garantieren können, erschien die Kreativität vielen plötzlich nur noch als bloßer Effekt der Tests. »Obwohl ein Jazzpianist, ein Ingenieur und ein Kind Dinge tun können, die uns als ›kreativ‹ erscheinen«, so fasst Franklin das erste Konjunkturtief der Kreativitätsforschung zusammen, »scheint es keine psychologische Tatsache zu geben, die sie verbindet. Allem Anschein nach gibt es so etwas wie ›Kreativität‹ aus psychologischer Sicht nicht.«[257] Das Problem, das die Kreativitätsforschung in den Sechzigern umtrieb (bevor sie ein zweites Mal erfunden und ab den 1980ern zum Motor einer allgemeinen Ästhetisierung gesellschaftlicher Prozesse wurde),[258] findet sich gleichfalls in der KI-Forschung und begleitet sie von ihren Anfängen bis heute als fixe Idee, nämlich dass »Intelligenz etwas ist, was allem Anschein nach natürlich ist und unabhängig von sozialen, kulturellen, historischen und politischen Kräften existiert«.[259]

Wenn aber weder die Rückkehr zur rationalen noch die Fiktion der romantischen Maschine verheißungsvoll sind, schrumpft der Spielraum für einen emanzipatorischen Umgang mit der Technik maximal ein. Aus der Perspektive der Literatur und den Kultur- und Geisteswissenschaften birgt die romantische Maschine dennoch eine gute Nachricht. Diese liegt in dem schlichten Befund, dass sie trotz der Hegemonie des Digitalen keineswegs ausgedient haben; im Gegenteil: In dem Moment, wo die alten Geltungsansprüche der rationalen Maschine brüchig werden und die Digitaltechnologie auf neue Erzählungen und Sinnstiftungen angewiesen ist, gewinnen die Literatur- und Humanwissenschaften an Bedeutung – eben weil die Maschine (und wie sie gedacht wird) nicht nur Sache der Technik ist, sondern erst im Rahmen kultureller Zuschreibungen und Deutungsmuster zu sich kommt. Von dieser neuen Interpretationsbedürftigkeit der »simulativen Wirklichkeitserzeugung« (Dippel, Warnke) profitieren die sogenannten weichen Wissenschaften. Literatur, Geistes- und Sozialwissenschaften haben zwar nicht die diskursive Macht, um ihre Deutungsansprüche geltend zu machen. Dennoch können sie die Technologien, ihren Gebrauch sowie die Objekte und Wirklichkeiten, die sie erzeugen, befragen. Sie können Alternativen aufzeigen, wie die Technik anders gedacht und in Beziehung zu den Menschen und Dingen gesetzt werden kann.

So macht es beispielsweise einen Unterschied, ob ich mich bereitwillig vom Code verzaubern lasse, ein aufflackerndes Bewusstsein in der Software zu sehen meine oder die Intelligenz (wie sie mir als menschliche allem Anschein nach vertraut ist) als eine körperlose und dennoch natürlich gegebene imaginiere, die sich genauso gut auf einem Silikonchip, in einer Software oder als Roboter materialisieren und befreit von ihrer trägen biosemiotischen Masse sogar optimieren ließe. Oder ob ich die Verkörperung der künstlichen Superintelligenzen, anstatt sie in einer unbestimmten Zukunft zu verorten, nicht besser in der Struktur der globalen Techunternehmen identifiziere, so wie sie heute in Form der üblichen Verdächtigen, mit Konzernen wie Alphabet, Meta, Amazon, Apple (oder ihren chinesischen Pendants wie Baidu, Alibaba, Tencent, Huawei etc.) bereits mitten unter uns sind: »Wir neigen dazu, uns KI als etwas vorzustellen, das durch einen Roboter oder einen Computer verkörpert wird«, schreibt James Bridle,

> aber tatsächlich kann sie in jeglicher Form daherkommen. Stellen Sie sich ein System mit klar definierten Zielen vor, mit Sensoren und Effektoren, um die Welt zu lesen und mit ihr zu interagieren, mit der Fähigkeit, Freude und Schmerz als Attraktoren bzw. als etwas, das es zu vermeiden gilt, zu erkennen, ein System mit den nötigen Ressourcen, um den eigenen Willen durchzusetzen, und mit der rechtlichen und sozialen Stellung, die dafür sorgt, dass seine Bedürfnisse befriedigt, ja sogar respektiert werden. Das ist die Beschreibung einer KI – es ist aber auch die Beschreibung eines modernen Unternehmens.[260]

Ich kann die KI in den Globalkonzernen aufspüren, ich kann aber auch danach fragen, wie die künstlichen Intelligenzen gemacht werden,[261] was dann dazu führt, die künstliche Superintelligenz, die das kognitive und affektive Vermögen des menschlichen Subjekts sprengt, im Bergbau seltener Erden zu suchen; in den technischen Infrastrukturen, die den Globus in Kabeln am Grund der Meere und in einer rasant anwachsenden Zahl von Satelliten im All umspannt; in den hygienisch hochsterilen Datenzentren, die mit ihrem gigantischen Energie- und Wasserbedarf inzwischen überall auf der Welt aus dem Boden sprießen; in der Logistik der globalen Warenketten, in den

Fabrikhallen von Amazon oder, was die Seite der Software betrifft, die den Inhalt auf meinem Screen kontrolliert, in der Content Moderation, die von menschlichen Arbeitskräften rund um den Globus in Mikroaufträgen zu Centbeträgen ausgeführt wird; oder eben im unternehmerischen Storytelling, über das die Mythen der Digitaltechnologien eifrig gestrickt werden.

Aufgefordert, die Geschichte von Microsoft als Märchen zu erzählen, antwortet Steve Clayton, Chief Storyteller von Microsoft: »Wenn Microsoft eine Kindergeschichte wäre, würde sie von einer Schar Zauberer handeln, die in einem Schloss leben. Sie würden unglaubliche Dinge erfinden, die für viele eine Quelle des Fortschritts wären, ohne dass jemand wüsste, woher diese magischen Erfindungen kämen.«[262] Es gibt also die Wahl, sich kindlich verzaubern zu lassen und den populärromantischen Blick auf die Technik zu reproduzieren. Oder zu fragen, woher diese so magisch wirkenden Erfindungen kommen, wie sie funktionieren und welche Folgen sie als soziale Techniken haben. Oder wie wahrscheinlich ist es etwa, dass die aus dem Kapitalismus geborenen Techniken, die Prozesse wie die Klimakatastrophe und das Artensterben überhaupt erst mit verursacht haben, sie gleichzeitig abwenden können?

Die ernüchternde Nachricht der romantischen Maschine wäre dann jedoch die, dass die kritische Aufarbeitung, wie die KI gemacht wird und funktioniert, wenig wirklich Neues und schon gar keine revolutionären Einsichten liefert, die allzu große Hoffnungen auf strukturelle Veränderungen wecken könnten. Letztlich ist man angesichts der asymmetrischen Machtverhältnisse, die den Technologien ihre Gestalt geben, auf ein stupendes Weiter-wie-Bisher zurückgeworfen, was eine mühevolle Arbeit der Kritik involviert, den Versuch, die materiellen Bedingungen des Digitalen sichtbar zu machen oder unablässig die Mängel aufzurechnen, die blinden Flecken, Verzerrungen, Diskriminierungen, das Unrecht oder die opportunistischen Risiken: »Als Erstes sollten wir eine akribische Arbeit des *Dekonnektionismus* betreiben«, schreibt Pasquinelli in diesem Geist einer Kritik: »Schritt für Schritt, Datei für Datei, Datensatz für Datensatz, Metadatum für Metadatum, Korrelation für Korrelation, Muster für Muster das soziale und ökonomische Gefüge auflösen, das sie im Kern zusammenhält.«[263] Oder man bringt immer aufs Neue Vorschläge und Visionen für eine Technik ins Spiel, die andere Beziehungen knüpft, die die Verkettungen zwischen Maschinen, Menschen und Dingen anders gestaltet, obwohl das Vernetzungsdenken seinen Höhepunkt überschritten haben könnte.[264]

Nicht zuletzt hat die Aufwertung der KI mittlerweile auch dazu geführt, andere Formen der

Intelligenz in Tieren, Pflanzen oder natürlichen Systemen stark zu machen, die uns seit jeher umgeben und älter sind als die Menschen. Mag Paul Bogards Frage, was Maschinen, Tiere und Menschen intelligent macht, auf einen einheitlichen Intelligenzbegriff abzielen, der verschiedenen Phänomenen wie IBMs Watson und Alexa, Oktopussen und Raben sowie Menschen gemein ist,[265] kann dies doch auch dazu dienen, die KI aus ihrem anthropozentrischen Schema zu lösen, um zu einem robusten Begriff der künstlichen Intelligenzen zu gelangen, der aus einem Vergleich von maschineller, tierischer und menschlicher Intelligenz hervorgeht und so die Vielfalt und Abweichungen anderer Intelligenzformen betont. Das schließt einerseits an die Neuen Materialismen an. Andererseits kann es aber auch eine Rückkehr zur Natur markieren, in der unschwer ein weiteres Erbe der Romantik zu erkennen ist: »Es gibt nur Natur in all ihrer ewigen Blüte«, erklärt Bridle in *Die Unfassbare Vielfalt des Seins. Jenseits menschlicher Intelligenz*,

> und sie bringt Mikroprozessoren, Rechenzentren und Satelliten genauso hervor, wie sie Ozeane, Bäume, Elstern, Öl und uns hervorgebracht hat. *Die Natur ist selbst Fantasie*. Wir sollten sie also nicht re-imaginieren, sondern anfangen, sie uns neu vorzustellen, mit der

> Natur als unserer Mitverschwörerin: unserer Partnerin, unserer Kameradin und unserer Führerin.[266]

Anders als für Hui ist eine Rückkehr zur Natur für Bridle offenbar möglich und lohnenswert. Wenn die Romantik, in welcher Ausprägung auch immer, den neuen Horizont der digitalen Technologien bildet und sie darin heute wieder zu »unserer Naivität«[267] geworden ist, dann hängt in Zukunft offenbar viel davon ab, wie wir die Romantik konkret denken – weniger, um ihr als tradiertem Phänomen gerecht zu werden, sondern um ihr Erbe, das in die technische und kulturelle Ausgestaltung der digitalen Technologien einschließlich der an sie gerichteten Erwartungen eingeht, kritisch reflektieren zu können.

Was nun die Literatur betrifft, wird die Romantik mit der Optimierung und mit weiteren Modellversionen der großen Sprachmodelle wie ChatGPT aller Wahrscheinlichkeit nach an Bedeutung zulegen. Das ist schon deshalb der Fall, weil das Digitale gerade dort, wo es sich die Verfahren und Techniken der Kunst aneignet – oder sogar selbst mit dem Anspruch auftritt, Kunst zu sein –, umso mehr auf die Kunst als ihr Anderes angewiesen bleibt. »Kunst und Technik sind zusammen das Selbe, das von sich differiert«, so beschreibt Nancy die Beziehung der Technik zur Kunst: »Diese Differenz ist unendlich.« Wird die Differenz zwischen der Technik und Kunst nivelliert, bleibt die Technik nichts weiter als Technik, die sich von der Natur abzuheben vermag, sich ansonsten aber in ihrer Funktion, also dem, was sie leisten soll oder kann, erschöpft. Ob ein Text oder Bild ein technisches oder Kunstobjekt ist (oder ob es als solches betrachtet werden soll), lässt sich vom Standpunkt der Technik aus nicht entscheiden (allein die Frage lässt sich gar nicht sinnvoll stellen). Dazu braucht die Technik die Kunst, mit der sie in der *techne* zwar eine gemeinsame Herkunft teilt, von der sie sich aber dennoch absetzt. Wenn Nancy postuliert, dass die Differenz zwischen Technik und Kunst unendlich sei, dann geschieht das zwar zum einen im Rückgriff auf die griechische Philosophie. Zum anderen artikuliert Nancy diesen Gedanken aber vor dem Hintergrund der Kunst und Literatur als infiniter Idee, wie sie die Frühromantik in beispielsloser Konsequenz eines »literarisch Absoluten«[268] artikuliert hat. In Bezug auf die maschinelle Literatur und die Konjunktur der KI heißt das dann aber, dass die Romantik in mindestens doppelter Hinsicht erhalten bleibt: erstens dort, wo wir an die Maschinen herantreten mit der (populärromantischen) Erwartung, dass sie Kunst und Literatur produzieren soll – anstatt mit der Bild- und Textverarbeitung lediglich einen technischen Prozess zu exekutieren, der sich in seiner bloßen Funktion erschöpft.

Zweitens bleibt die Romantik virulent, weil sich die Fragen, was die Kunst zur Kunst, die Literatur zur Literatur macht, was sie also sind – oder besser: was sie waren und was sie heute sein können oder sollen –, nicht aus der Technik heraus erörtern und entscheiden lassen. Dazu ist vielmehr ein ideeller Standpunkt notwendig, wie ihn die (Früh-)Romantik der Kunst und Literatur mit einer ungeheuren, offenbar bis heute anhaltenden Wirkmächtigkeit als autonomer Sphäre eingeräumt hat. Weniger als Behauptung der Autonomie, sondern als Problem, Theorie oder Modell wäre das: die unabschließbare Frage nach einer Bestimmung der Kunst und Literatur und was sie von der Natur auf der einen, der Technik auf der anderen Seite unterscheidet, ein weiterer, virulenter Anknüpfungspunkt, um der romantischen Maschine mit einem – auch in diesem Fall erklärtermaßen romantischen – Bewusstsein entgegenzutreten.

Dank

Das Essay nimmt Argumente und Zitate aus meinem Buch *Die Automatisierung des Schreibens & Gegenprogramme der Literatur* (2022) auf, rahmt sie mit dem Rückbezug auf die Romantik (statt den historischen und Neoavantgarden) aber anders, und zieht in der Folge andere Schlüsse, die nicht nur jüngere Entwicklungen wie ChatGPT, sondern auch deren Bezüge zu neomaterialistischen und medienphilosophischen Ansätzen ins Zentrum rücken. Die Bezüge sind zu zahlreich, als dass ich sie im Einzelnen hätte zitieren können. Eine erste Möglichkeit, die Ideen für das Essay zu entwickeln, bot die Einladung von Alexander Nebrig und Martin Bartelmus zum Workshop »Digitale Schriftlichkeit« an der Universität Düsseldorf im Herbst 2022 sowie ein Beitrag für den daraus hervorgehenden Tagungsband: Martin Bartelmus, Alexander Nebrig (Hg.), *Digitale Schriftlichkeit. Programmieren, Prozessieren und Codieren von Schrift*, Bielefeld 2024. Mein besonderer Dank gilt Martin Bartelmus, der das Manuskript zusätzlich in der vorliegenden Version kommentiert hat. Morten Paul hat mich zum richtigen Zeitpunkt ermutigt, die Arbeit daran fortzusetzen. David Frühauf danke ich für sein vorzügliches Lektorat. Von Anfang an begleitet hat das Ganze Kathrin Schönegg.

Abbildungsverzeichnis

Abb. 1 u. 2: Tonje Hessen Schei, *I-Human*, Norwegen, ZDF 2019.

Abb. 3: Caspar David Friedrich, *Wanderer über dem Nebelmeer*, um 1817, Öl auf Leinwand, 94,8 x 74,8 cm, Kunsthalle, Hamburg, {online-sammlung.hamburger-kunsthalle.de/de/objekt/HK-5161}, letzter Zugriff 1.4.2024.

Nachweise

1 {www.open-austria.com}, letzter Zugriff 20.12. 2023.

2 Das der Ort keine naive Behandlung verdient, hat Malcolm Harris in *Palo Alto. A History of California, Capitalism, and the World* (2023) gezeigt.

3 Daniel Kehlmann, *Mein Algorithmus und Ich. Stuttgarter Zukunftsrede*, Stuttgart 2021, S. 6.

4 Hans Werner Richter, »Brief vom 10. April 1954«, zit. n. Elke Uhl u. Claus Zittel, »Einleitung. Weltprogrammierung – Zur Aktualität Max Benses«, in: dies. (Hg.), *Max Bense. Weltprogrammierung*, Stuttgart 2018, S. 1–7, hier S. 1.

5 Kehlmann, *Mein Algorithmus*, S. 7.

6 Max Bense, »Gedichtmaschine und Maschinengedichte. Folgerungen zur neuen Literatur« [1971], in: Caroline Walther u. Elisabeth Walther (Hg.), *Max Bense. Radiotexte*, Heidelberg 2000, S. 257–275, hier S. 262.

7 Daniel Kehlmann, *Diese sehr ernsten Scherze. Poetikvorlesungen*, Göttingen 2007, S. 33.

8 Mit dem Begriff der Postrationalität orientiere ich mich an Jean-François Lyotard, wenn dieser seine These über das postmoderne Wissen weniger im Sinn einer wahrheitslogischen Aussage verstanden wissen will, die – empirisch oder faktisch – wahr oder falsch ist, sondern stattdessen von einer »Arbeitshypothese« und Methode spricht, »einen starken Unterschei-

dungswert« einzuführen, der die postulierte Verschiebung, in seinem Fall innerhalb des zeitgenössischen Wissens, in meinem Fall innerhalb der algorithmischen Rationalität, hervorkehrt. (Jean-François Lyotard, *Das postmoderne Wissen. Ein Bericht*, Wien 2019, S. 37.)

9 Ich nenne nur wenige Beispiele jüngeren Datums. Die Konjunktur umfasst wissenschaftliche Gesamtdarstellungen der Epoche wie Rüdiger Görner, *Romantik. Ein europäisches Ereignis*, Stuttgart 2021; Stefan Matuschek, *Der gedichtete Himmel. Eine Geschichte der Romantik*, München 2021 (beide Autoren präsentieren die Romantik als europäisches Gesamtphänomen und korrigieren darin auch Rüdiger Safranskis Darstellung der Romantik als »deutsche Affäre«); Einzel- und Gruppenbiografien wie Florian Bissig, *Samuel Taylor Coleridge. Eine Biografie*, Zürich 2022; Andrea Wulf, *Fabelhafte Rebellen. Die frühen Romantiker und die Erfindung des Ich*, München 2022; als Einzelperson erfährt vor allem Caspar David Friedrich großes Interesse: László F. Földényi, *Der Maler und der Wanderer. Caspar David Friedrichs Urkino*, Berlin 2021; Eberhard Rathgeb, *Maler Friedrich*, Berlin 2023; Werner Busch, *Romantisches Kalkül*, Berlin 2023; Florian Illies, *Zauber der Stille. Caspar David Friedrichs Reise durch die Zeiten*, Hamburg 2023; Boris von Brauchitsch, *Caspar David Friedrich. Biografie*, Berlin 2023; thematische Studien umfassen Peter Neumann, *Jena 1800. Die Erfindung der freien Geister*, München 2018; Rosemary Hill, *Time's Witness.*

History in the Age of Romanticism, London 2021; Timo Feldhaus, *Mary Shelleys Zimmer. Als 1816 ein Vulkan die Welt verdunkelte*, Hamburg 2022, nimmt die Romantik explizit aus der Perspektive der heutigen Themen einer Revolution durch Maschinen und des Klimawandels in den Blick; nicht zuletzt lassen sich literarische Verarbeitungen anführen wie Markus Orths, *Mary & Claire*, München 2023.

10 Stefan Matuschek, »Literarischer Idealismus, Oder: Eine mittlerweile 200-jährige Gewohnheit, über Literatur zu sprechen«, in: *Deutsche Vierteljahrsschrift für Literaturwissenschaft und Geistesgeschichte* 86/3 (2012), S. 397–418, hier S. 397.

11 Ebd., S. 398 u. 418.

12 Max Bense, *Theorie der Texte. Eine Einführung in neuere Auffassungen und Methoden*, Köln 1962, S. 143.

13 Ebd.

14 Claus-Michael Schlesinger, »›Ist Kunst berechenbar?‹ Zur Modellierung ästhetischer Maße bei George David Birkhoff und in der Informationsästhetik«, in: Andrea Albrecht u. a. (Hg.), *Max Bense. Werk – Kontext – Wirkung*, Heidelberg 2019, S. 337–350, hier S. 347.

15 In der aktuellen Forschung spielt diese (kausale) Darstellung, in der die Romantik einerseits als deutsches, nicht als europäisches Phänomen aufgefasst wird, und in der andererseits die in der Romantik angelegten Kritiken und Alternativen ausgeblendet werden, so gut wie keine Rolle mehr.

16 Johann Gottlieb Fichte, *Reden an die deutsche Nation*, Hamburg 1978, S. 201.

17 Eugen Gomringer, »vom vers zur konstellation. zweck und form einer neuen dichtung«, in: ders., *admirador*, Berlin 2012, S. 17–26, hier S. 17 f.

18 Benses *Aesthetica-Reihe* entsteht ab 1954 über eine Dekade, was zur Folge hat, dass seine Thesen und Begrifflichkeiten einem permanenten Überarbeitungsprozess unterworfen sind. Für seine Ästhetik verwendet er eine Vielzahl von Begriffen wie »abstrakte Ästhetik«, »exakte Ästhetik«, »Objektästhetik«, »statistische Ästhetik« oder »technologische Ästhetik«. Ein gemeinsamer Grundsatz dieser Begriffe lässt sich wohl in Benses Aussage identifizieren, dass die Mathematik »für die Ästhetik eine geeignete Sprache« sei. (Max Bense, *Aesthetica. Einführung in die neue Ästhetik* [1965], Baden-Baden 1982, S. 210.)

19 Elisabeth Walther, »Maschinensprache – Nachrichten aus der ›Galeere‹. Interview mit Elisabeth Walther, Walter Knödel und Rul Gunzenhäuser am 27. November 2003 in Stuttgart«, in: Barbara Büscher u. a. (Hg.), *Ästhetik als Programm. Max Bense. Daten und Streuungen*, Zürich 2004, S. 130–141, hier S. 131.

20 Max Bense, »Bestandteile des Vorüber. Dünnschliffe Mischtexte Montagen«, in: ders., *Ausgewählte Schriften*, Bd. 4: *Poetische Texte*, Stuttgart, Weimar 1998, S. 14–65, hier S. 18.

21 Max Bense, »movens. Experimentelle Literatur«, in: *Grundlagen aus Kybernetik und Geis-*

teswissenschaft 1/1 (1960), S. 122–126, hier S. 125.

22 Bense, *Aesthetica*, S. 337.

23 Max Bense, »Ästhetik und Programmierung« [1966], in: Büscher u. a. (Hg.), *Ästhetik als Programm*, S. 208–213, hier S. 212. Vor der Erfindung grafischer Bildschirme bezeichnet der Realisator den Fernschreiber oder Plotter.

24 Bense, *Aesthetica*, S. 337.

25 John von Neumann, »Various Techniques used in connection with random digits« [1951], in: ders., *Collected Works*, Bd. 5: *Design of Computers, Theory of Automation and Numerical Analysis*, Oxford 1961, S. 768–770, hier S. 768.

26 In diesem Kontext ist es nicht unbedeutend, dass Theo Lutz seine »Stochastischen Texte«, die per Zufallsgenerator generiert sind, händisch nachbearbeitet, ohne dies auszuweisen. Siehe Toni Bernhart, »Beiwerk als Werk. ›Stochastische Texte‹ von Theo Lutz«, in: *editio. Internationales Jahrbuch für Editionswissenschaft* 34 (2020), S. 180–206. Diese Praxis scheint bis heute eher die Regel als eine Ausnahme zu bilden.

27 Theo Lutz, »Stochastische Texte« [1959], in: *Augenblick* 4/1 (2010), S. 22–26, hier S. 26.

28 Bense, *Aesthetica*, S. 251. Zur Entstehung von Lutz' Text und der Interaktion mit Bense siehe Toni Bernhart u. Sandra Richter, »Frühe digitale Poesie«, in: *Informatik Spektrum* 44 (2021), S. 11–18, hier S. 16.

29 Claude E. Shannon u. Warren Weaver, *Mathematische Grundlagen der Informationstheorie*, München 1976, S. 51.

30 J. J. Coupling [John Pierce], »Chance Remarks«, in: *Astounding Science-Fiction* XLIV/2 (1949), S. 104–111, hier S. 110.

31 Gerd Gigerenzer, »From Tools to Theories. A Heuristic of Discovery in Cognitive Psychology«, in: *Psychological Review* 98/2 (1991), S. 254–267, hier S. 255.

32 Ebd.

33 Frank Rosenblatt, *Principles of Neuodynamics. Perceptrons and the Theory of Brain Mechanisms*, Buffalo, NY, 1961, S. viii.

34 Lutz, »Stochastische Texte«, S. 23.

35 O. A., »Bald krumme Linien«, in: *Der Spiegel* 18 (1965).

36 Georg Nees, »Visuelle Performanz. Einführung in den Neudruck des Buchs ›Generative Computergrafik‹« [1969], in: ders., *Generative Computergraphik*, Berlin 2006, S. IX–XXI, hier S. XIII.

37 Frieder Nake, »Erzeugung ästhetischer Objekte mit Rechenanlagen«, in: Rul Gunzenhäuser, Walter Knödel (Hg.), *Nicht-numerische Informationsverarbeitung. Beiträge zur Behandlung nicht-numerischer Probleme mit Hilfe von Digitalanlagen*, Wien, New York 1968, S. 456–472, hier S. 464.

38 O. A., »Bald krumme Linien«.

39 Ebd.

40 Margit Rosen, »Manfred Mohr. Der Algorithmus seines Tuns«, in: dies., ZKM (Hg.), *Der Algorithmus des Manfred Mohr. Texte 1963–1979*, S. 9–17, hier S. 11.

41 Harold Cohen u. a., »Evaluation of Creative Aesthetics«, in: Jon McCormack, Mark d'In-

verno (Hg.), *Computers and Creativity*, Heidelberg 2012, S. 95–111, hier S. 101.

42 Siehe dazu Philipp Schönthaler, *Die Automatisierung des Schreibens & Gegenprogramme der Literatur*, Berlin 2022, S. 209–214.

43 Joy Paul Guilford, »Kreativität«, in: Gisela Ulmann (Hg.), *Kreativitätsforschung*, Köln 1973, S. 25–43, hier S. 27.

44 Jan Niklas Howe, »Kreativität«, in: Joseph Vogl u. Burkhardt Wolf (Hg.), *Handbuch Literatur & Ökonomie*, Berlin, Boston 2019, S. 182–184, hier S. 182 f.

45 Alex Osborn, *Your Creative Power. How to use Imagination*, London 1948, S. 2.

46 Ebd., S. 5.

47 Samuel W. Franklin, *The Cult of Creativity. A Surprisingly Recent History*, Cambridge 2023, S. 9.

48 Ebd.

49 Siehe dazu Dieter Mersch, »Kreativität und künstliche Intelligenz. Bemerkungen zu einer Kritik algorithmischer Rationalität«, in: *Zeitschrift für Medienwissenschaft* 19/3 (2019), S. 65–74, hier S. 73.

50 Siehe Gabriele Gramelsberger, *Philosophie des Digitalen zur Einführung*, Hamburg 2023, S. 94–99.

51 Warren McCulloch, Walter Pitts, »Logical Calculus of Ideas Immanent in Nervous Activity«, in: *Bulletin of Mathematical Biology* 52/1 u. 2 (1943/1990), S. 99–115, hier S. 113.

52 Italo Calvino, *Kybernetik und Gespenster*, München 1984, S. 17.

53 Max Bense, »Kybernetik oder die Metatechnik einer Maschine« [1951], in: Büscher u. a. (Hg.), *Ästhetik als Programm*, S. 50–61, hier S. 61.

54 Bense, *Aesthetica*, S. 266.

55 Calvino, *Kybernetik und Gespenster*, S. 17.

56 Paul Erickson u. a., *How Reason almost lost its Mind. The Strange Career of Cold War Rationality*, Chicago, London 2013, S. 2.

57 Siehe dazu Matteo Pasquinelli, *The Eye of the Master. A Social History of Artificial Intelligence*, London 2023, S. 23–48.

58 Erickson, *How Reason*, S. 2.

59 Erickson, *How Reason*, S. 29. Orit Halpern kommt in ihrer Studie zur kybernetischen Rationalität zu einem ganz ähnlichen Schluss. Siehe Orit Halpern, *Beautiful Data. A History of Vision and Reason since 1945*, Durham 2014, S. 175.

60 O. A., »Bald krumme Linien«.

61 Bense, »Die Gedichte der Maschine«, S. 96.

62 Zit. n. Ronald E. Kline, *The Cybernetics Moment. Or Why We Call Our Age the Information Age*, Baltimore 2015, S. 182.

63 Frieder Nake, »There Should Be No Computer Art«, in: Jan Distelmeyer u. a. (Hg.), *Algorithmen & Zeichen. Beiträge von Frieder Nake zur Gegenwart des Computers*, Berlin 2021, S. 10–15, hier S. 12.

64 Jan Müggenburg, *Lebhafte Artefakte. Heinz von Foerster und die Maschinen des Biological Computer Laboratory*, Konstanz 2018, S. 21 u. 24.

65 Jörg Häntzschel, »Deutschlands wichtigste Künstlerin: Interview mit Hito Steyerl«, in: *Süddeutsche Zeitung* (14./15.8.2023), S. 12.

66 Hannes Bajohr, *Schreibenlassen. Texte zur Literatur im Digitalen*, Berlin 2022, S. 184.

67 Ebd., S. 175.

68 Eva Geulen, »Schreibszene: Fanfiction (mit einer Fallstudie zu Joshua Groß)«, in: Hanna Hamel u. Eva Stubenrauch (Hg.), *Wie postdigital schreiben? Neue Verfahren der Gegenwartsliteratur*, Bielefeld 2023, S. 51–68, hier S. 55.

69 Gabriele Gramelsberger, *Philosophie des Digitalen zur Einführung*, Hamburg 2023, S. 219 f.

70 Ich habe hier die Literatur, weniger die Literaturwissenschaft im Blick. In Bezug auf die Digital Humanities kommt Franco Moretti jüngst allerdings zu einem eher ernüchternden Befund. Siehe Franco Moretti, *Falsche Bewegung. Die digitale Wende in den Literatur- und Kulturwissenschaften*, Konstanz 2022.

71 Stuart Russell u. Peter Novig, *Artifical Intelligence. A Modern Approach*, London [4]2022, S. 22.

72 Abraham Moles, »Über die Verwendung von Rechenanlagen in der Kunst«, in: *Exakte Ästhetik* 5 (1967), S. 16–20, hier S. 17.

73 Siehe dazu Claus Pias, »›Hollerith ›gefiederter‹ Kristalle.‹ Kunst, Wissenschaft und Computer in Zeiten der Kybernetik«, in: Michael Hagner u. Erich Hörl (Hg.), *Die Transformation des Humanen. Beiträge zur Kulturgeschichte der Kybernetik*, Frankfurt a. M. 2008, S. 72–106, hier S. 88.

74 Vgl. z. B. Hannes Bajohr, »Wer die Sprachmodelle beherrscht, beherrscht auch die Politik«, in: *Merkur. Deutsche Zeitschrift für europäisches Denken* 892 (2023), S. 71–80.

75 So konnte z. B. der Journalist George Gilder 2018 seinem euphorischen Buch zum Thema noch den Titel *Das Leben nach Google. Der Absturz von Big Data und der Aufstieg der Blockchain* geben.

76 Zur Beziehung zwischen Cypherpunk und Kryptoökonomie siehe Vitalik Buterin, *Proof of Stake. The Making of Ethereum and the Philosophy of Blockchain*, New York 2022, S. 105.

77 Alexander Schaub u. a., »A Trustless Privacy-Preserving Reputation System«, in: *IFIP Advances in Information and Communication Technology* 471 (2016), S. 398–411.

78 Adam Greenfield, *Radical Technologies. The Design of Everyday Life*, London, New York 2017, S. 147.

79 Nicolai Ruh, *Trust the Math. Encryption is Your Friend. Zum Umgang mit ontologischer Unsicherheit in einer digitalisierten Lebenswelt*, Wiesbaden 2021, S. 131.

80 Hier wird also erstens deutlich, dass die technischen und sozialen Sphären untrennbar miteinander verwoben sind: Was als technische Lösung präsentiert wird, ist philosophisch und ideologisch grundiert. Zweitens entpuppt sich die algorithmische Rationalität (oder genauer: die künstliche Rekonstruktion sozialer oder ästhetischer Phänomene gemäß technisch-mathematischer Prinzipien) als Instrument der Disziplinierung. Die Blockchain ist nicht nur eine technische Lösung für soziale Probleme, sondern sie führt Buterin zufolge zu einer besseren Gesellschaft, weil sie die Nutzerinnen

und Nutzer in moralisch bessere Subjekte verwandelt. Rational zu handeln heißt für Buterin demnach, moralisch korrekt zu handeln. Die disziplinierende Wirkung der Blockchain erklärt Buterin im Geist der ökonomischen Spieltheorie von Neumanns: »Die kognitive Herausforderung, Rechtschaffenheit überzeugend vorzutäuschen, während man eigentlich von Gier getrieben ist, ist so groß [...], dass es sinnvoller ist, lieber gleich rechtschaffen zu sein.« (Zit. n. Jackson, »Der Preis für Krypto«, S. 25.)

81 Jackson, »Der Preis für Krypto«, S. 29.

82 Vgl. Orit Halpern u. Robert Mitchell, *The Smartness Mandate*, Cambridge 2022.

83 Paola Lopez, »ChatGPT und der Unterschied zwischen Form und Inhalt«, in: *Merkur* 491 (2023), S. 15–27, hier S. 22.

84 Matteo Pasquinelli, »How a Machine Learns and Fails – A Grammar of Error for Artificial Intelligence«, in: *Spheres. Journal for Digital Culture* 5 (2019), {spheres-journal.org/contribution/how-a-machine-learns-and-fails-a-grammar-of-error-for-artificial-intelligence/}, letzter Zugriff 20.12.2023.

85 {digital-strategy.ec.europa.eu/en/library/ethics-guidelines-trustworthy-ai}, letzter Zugriff 20.12.2023.

86 Vgl. Billy Perrigo, »Exclusive: OpenAI Lobbied the E.U. to Water Down AI Regulation«, in: *Time* (20.6.2023), {time.com/6288245/openai-eu-lobbying-ai-act/}, letzter Zugriff 20.12.2023.

87 Pasquinelli, *The Eye of the Master*, S. 153.

88 Gramelsberger, *Philosophie des Digitalen*, S. 213.
89 Calvino, *Kybernetik und Gespenster*, S. 11.
90 Riccardo Guidotti u. a., »A Survey of Methods for Explaining Black Box Models«, in: *ACM Computing Surveys* 51/5 (2018), S. 1–42, hier S. 3 [Hvh. getilgt].
91 Zachary C. Lipton, »The mythos of model interpretability«, in: *Queue* 16/3 (2018), S. 1–27, hier S. 2, {dl.acm.org/doi/pdf/10.1145/3236386.3241340}, letzter Zugriff 20.12.2023.
92 Gramelsberger, *Philosophie des Digitalen*, S. 218.
93 Anne Dippel u. Martin Warnke, *Tiefen der Täuschung. Computersimulation und Wirklichkeitserzeugung*, Berlin 2022, S. 9.
94 Ebd.
95 Ebd.
96 Ebd., S. 112.
97 Ebd., S. 24.
98 Ebd., S. 52.
99 Ebd., S. 116.
100 Ebd., S. 136.
101 Ebd., S. 113.
102 Ebd., S. 114.
103 Ebd., S. 137. Blickt man ausschließlich auf die Geistes-, nicht auf die Naturwissenschaften, kann sich der Blick auf die Hermeneutik auch anders, nicht als Krise, sondern als Siegeszug, darstellen. Das ist zumindest die These von Erhard Schüttpelz. Siehe Erhard Schüttpelz, *Deutland*, Berlin 2023.
104 So Kehlmann im Nachgespräch zu seiner Rede im Stuttgarter Literaturhaus.
105 Kehlmann, *Mein Algorithmus*, S. 45.

106 Ebd., S. 54.

107 Zur Tiefe als romantischem Topos siehe Burkhard Meyer-Sickendiek, *Tiefe. Über die Faszination des Grübelns*, München 2012, Kap. 3.

108 Ray Kurzweil, *The Age of Spiritual Machines. When Computer Exceed Human Intelligence*, New York 1999, S. 16 u. 17.

109 Murray Shanahan, *Die technologische Singularität*, Berlin 2021, S. 114.

110 J. McCarthy u. a., »Proposal for the Darthmouth Summer Research Project on Artifical Intelligence« (31.8.1955), S. 2, {jmc.stanford.edu/articles/dartmouth.html}, letzter Zugriff 20.12.2023.

111 Vgl. dazu Dominique Cardon u. a., »Neurons Spike back. The Invention of Inductive Machines and the Artificial Intelligence Controversy«, in: *Réseaux* 211/5 (2018), S. 173–220, {hal.archives-ouvertes.fr/hal-02190026/document}, letzter Zugriff 20.12.2023.

112 Ich paraphrasiere hier die Differenzen, wie sie Hubert und Stuart Dreyfus beschreiben. Vgl. Hubert L. Dreyfus u. Stuart E. Dreyfus, »Making a Mind versus Modelling the Brain. Artificial Intelligence Back at the Branchpoint«, in: Massimo Negrotti (Hg.), *Understanding the artificial. On the future shape of artificial intelligence*, London, Berlin 1991, S. 33–54.

113 Rosenblatt, *Principles of Neurodynamics*, S. 5.

114 Frank Rosenblatt, »Two Theorems of Statistical Seperability in the Perception«, in: *Mechanising thought processes. Proceedings of a Symposium held at the National Physical Laboratory in No-*

vember 1958, Bd. 1, London 1959, S. 421–450, hier S. 422.

115 Zit. n. Pasquinelli, *The Eye of the Master*, S. 150.

116 Rosenblatt, »Two Theorems«, S. 423.

117 Hubert und Stuart Dreyfus argumentieren, dass die Theorie der neuronalen Netze vom Selbstverständnis einer »idealisierten, holistischen Neurowissenschaft« lebt, die symbolische KI beerbe hingegen eine »rationalistische, reduktionistische Tradition der Philosophie«. Dreyfus, »Making a Mind versus Modelling the Brain«, S. 33.

118 Rosenblatt, »Two Theorems«, S. 423.

119 Ebd., S. 449.

120 Margaret A. Boden, *The Creative Mind. Myths and Mechanisms*, London, New York 2004, S. 234.

121 Emily M. Bender u. a., »On the Danger of Stochastic Parrots: Can Language Models be Too Big?«, in: *Conference on Fairness, Accountability, and Transparency* (FAccT '21), (März 2021), {dl.acm.org/doi/10.1145/3442188.3445922}, letzter Zugriff 20.12.2023.

122 Franklin, *The Cult of Creativity*, S. 7.

123 John W. Garnder, *Self-Renewal. The Individual and the Innovative Society*, New York 1963, S. 32.

124 Franklin, *The Cult of Creativity*, S. 13.

125 Calvin W. Taylor, »Introduction«, in: ders. (Hg.), *Creativity. Progress and Potential*, New York 1964, S. 1–14, hier S. 3.

126 Vgl. John Beck u. Ryan Bishop, *Technocrats of the Imagination. Art, Technology, and the Military-Industrial Avant-Garde*, Durham, London 2020.

127 Jon Gertner, *The Idea Factory. Bell Labs and the Great Age of American Innovation*, New York 2012, S. 1f.

128 Fred Turner, »Romantic Automatism. Art, Technology, and Collaborative Labor in Cold War America«, in: *Journal of Visual Culture* 7/1 (2008), S. 5–26.

129 Turner, »Romantic Automatism«, S. 10.

130 Das ist anders in der Arts-and-Technology-Bewegung. Vgl. dazu Beck, Bishop, *Technocrats of the Imagination*.

131 Die deutsche Übersetzung von Wieners Roman, die ein Jahr später erscheint, trägt den Titel *Die Versuchung. Geschichte einer großen Erfindung*.

132 In der Schilderung paraphrasiere und zitiere ich Michael North, der die Karriere der Formel im Detail beschreibt. Michael North, *Novelty. A History of the New*, Chicago, London 2015, S. 169–171.

133 Philip Rahv, »Fiction and the Criticism of Fiction«, in: *Kenyon Review* 18/2 (1956), S. 276–299, hier S. 284.

134 Frances Stonor Saunders, *Who Paid the Piper? The CIA and the Cultural Cold War*, London 2000, S. 2.

135 Vgl. Eric Bennett, *Workshops of Empire. Stegner, Engle, and American Creative Writing during the Cold War*, Iowa City 2015.

136 Zwar hat Louis Menand jüngst darauf hingewiesen, dass nicht die vom Congress for Cultural Freedom geförderte modernistische Literatur, die »*Partisan Review* oder das Museum of Mo-

dern Art«, sondern die »Pop Art und Hollywood«, einschließlich der Beatliteratur, die Welt kolonialisiert habe, aber das kommt hier insofern nicht zum Tragen, als es mir um die kulturellen Zuschreibungen der Zeit geht. Zudem wanderten die liberalen Werte gleichfalls in die Pop Art ein, was letztlich auf das Argument hinausläuft, dass die CIA – abgesehen vom Schaden, den sie der modernistischen Kritik bescherte – ihre Arbeit umsonst getan hat. Siehe Louis Menand, *The Free World. Art and Thought in the Cold War*, London 2022, S. 717.

137 Franklin, *The Cult of Creativity*, S. 26.

138 Ähnliches ließe sich anhand der Kategorie des Neuen belegen. Siehe dazu North, *Novelty*, S. 143 (Kapitel 5 u. 6).

139 Boden, *The Creative Mind*, S. 1.

140 Charles Taylor, *Hegel and Modern Society*, Cambridge 1979, S. 2.

141 Cade Metz, »Google's AI Wins Pivotal Second Game in Match With Go Grandmaster«, in: *Wired* (18.3.2016), {www.wired.com/2016/03/googles-ai-wins-pivotal-game-two-match-go-grandmaster/}, letzter Zugriff 20.12.2023.

142 McCormack u. d'Inverno (Hg.), *Computers and Creativity*, S. vii.

143 Vgl. Philip Galanter, »Computational Aesthetic Evaluation. Past and Future«, in: McCormack u. d'Inverno (Hg.), *Computers and Creativity*, S. 255–293. Neben künstlichen neuronalen Netzen diskutiert Galanter z. B. evolutionäre Systeme oder »Automated Fitness Functions Based on Performance Goals«.

144 Zit. n. Christoph Klütsch, *Computergrafik. Ästhetische Experimente zwischen zwei Kulturen. Die Anfänge der Computerkunst in den 1960er Jahren*, Wien, New York 2007, S. 36 f.

145 Boden, *The Creative Mind*, S. 1.

146 Boden bezeichnet die transformative zwar als »sexiest« Form der Kreativität. Anders als Du Sautoy und Miller argumentiert sie aber, dass die kombinatorische Kreativität die größte Hürde für Computer darstellt. Für Boden ist das allerdings eine Frage, die auf dem Gebiet der Philosophie, nicht der Technik entschieden werden muss. Margret Boden, »Computer Models of Creativity«, in: *AI Magazine* 30/3 (2009), S. 23–34.

147 North, *Novelty*, S. 19.

148 Marcus du Sautoy, *Der Creativity-Code. Wie künstliche Intelligenz schreibt, malt und denkt*, München 2021, S. 20.

149 Sabine Flach, *Die Wissenskünste der Avantgarden. Kunst, Wahrnehmungswissenschaft und Medien 1915–1930*, Bielefeld 2016, S. 22.

150 Arthur Miller, *The Artist in the Machine. The World of AI-Powered Creativity*, London 2019, S. 264.

151 Matuschek, *Der gedichtete Himmel*, S. 21 f.

152 Miller, *The Artist in the Machine*, S. 265.

153 Boden, *The Creative Mind*, S. 1.

154 Du Sautoy, *Der Creativity-Code*, S. 301.

155 Popularisiert hat den Begriff der technologischen Singularität Ray Kurzweil in *The Singularity is Near. When Humans transcend Biology* (2005).

156 {www.youtube.com/watch?v=Q9ySKZw_U14}, letzter Zugriff 20.12.2023 [ab Min. 5:50].

157 In diesem Sinn erklärt schon John von Neumann in den Fünfzigern: »[M]an kann ein Instrument bauen, das alles kann, was machbar ist, aber man kann kein Instrument bauen, das einem sagt, ob es machbar ist.« John von Neumann, »Rigorous Theories of Control and Information«, in: ders., *Theory of Self-Reproducing Automata*, hg. v. Arthur W. Burks, Urbana 1966, S. 42–56, S. 51.

158 Sian Cain, »›This song sucks‹: Nick Cave responds to ChatGPT song written in style of Nick Cave«, in: *The Guardian* (17.1.2023).

159 Kehlmann, *Mein Algorithmus*, S. 44.

160 Ebd., S. 40.

161 Ebd., S. 25.

162 Ebd., S. 41.

163 Im Rahmen von Exposure 2020, AI x LITERATURE: Poetry is a Machine, {www.youtube.com/watch?v=mNKXDQ6fNEo&feature=youtu.be}, letzter Zugriff 20.12.2023.

164 Gramelsberger, *Philosophie des Digitalen*, S. 162.

165 Helga Nowotny, *Die KI sei mit euch. Macht, Illusion und Kontrolle algorithmischer Vorhersage*, Berlin 2023, S. 25.

166 Katharina Hoppe u. Thomas Lemke, *Neue Materialismen zur Einführung*, Hamburg 2021, S. 13.

167 Timothy Morton, *Ökologie ohne Natur. Eine neue Sicht auf die Umwelt*, Berlin 2016, S. 131. Hoppe und Lemke besprechen Morton in ihrer Einführung *Neue Materialismen*.

168 Anne C. McCarthy u. Chris Washington (Hg.), *Romanticism and Speculative Realism*, London 2019, S. 2. Auf die Bezüge des Spekulativen Realismus zur Romantik verweisen außerdem Greg Ellermann, »Speculative Romanticism«, in: *SubStance* 44/1 (2015), S. 154–174, und Hanna Hamel, *Übergängliche Natur. Kant, Herder, Goethe und die Gegenwart des Klimas*, Berlin 2021, S. 148.

169 Morton, *Ökologie ohne Natur*, S. 275.

170 Ebd., S. 288. Mit »Dunkle Ökologie« ist das Teilkapitel (S. 278–301) überschrieben, aus dem das Zitat entnommen ist.

171 Alexander Galloway, *Uncomputable. Play and Politics in the Long Digital Age*, London 2021.

172 Luciana Parisi, »Artificial Critique«, in: Erich Hörl u. a. (Hg.), *Critique and the Digital*, Zürich, Berlin 2021, S. 75–108; Luciana Parisi, »The Alien Subject of AI«, in: *Subjectivity* 12/1 (2019), S. 27–48.

173 Mark B. N. Hansen, »The Critique of Data, or Towards a Phenomenotechnics of Algorithmic Culture«, in: Hörl, *Critique and the Digital*, S. 25–74, S. 72.

174 »Auch heute«, schreibt Timothy Morton, »tragen die Umweltbewegungen noch am Erbe der Romantik. Schwierigkeiten bereitet aber nicht, dass dieses Erbe dunkel ist; eher gibt es zu viele Anknüpfungspunkte.« (Morton, *Ökologie ohne Natur*, S. 139) Der Hinweis legt auch nahe, dass die Suche nach Bezügen rasch arbiträr wird; oder anders formuliert, ist mit einer additiven Aneinanderreihung romantischer Topoi allein noch wenig getan.

175 Dazu gehören u. a. *Shelley and the Revolution in Taste. The Body and the Natural World*, Cambridge 1994/2006; *The Poetics of Spice. Romantic Consumerism and the Exotic*, Cambridge 2000; *Mary Shelley's Frankenstein. A Routledge Study Guide and Sourcebook*, London 2002.

176 Timothy Morton, *Hyperobjects. Philosophy and Ecology after the End of the World*, Minneapolis, London 2013, S. 1.

177 Ebd., S. 180.

178 Dieter Mersch, *Humanismen und Antihumanismen. Kritische Studien zur Gegenwartsphilosophie*, Zürich 2024, S. 264.

179 Ebd., S. 7. Meine Darstellung Mortons und deren Beziehung zur objektorientierten Philosophie bleibt hier schematisch und verkürzt. Einschränkend sei deshalb angemerkt, dass Morton zwar viele Prämissen der objektorientierten Philosophie teilt, sich aber in Abgrenzung zu Theoretikern wie Harman als »Correlationist« bezeichnet. Siehe Timothy Morton, *Dark Ecology. For a Logic of Future Coexistence*, New York 2016, S. 16.

180 Morton, *Hyperobjects*, S. 5. Das Motto für die Hyperobjekte entlehnt Morton dem englischen Dichter Percy Shelley: »Der schreckenerregende Schatten einer unsichtbaren Macht« (Ebd., S. 25).

181 Hamel, *Übergängliche Natur*, S. 157. Prädestiniert ist die Kunst dafür, weil sie einerseits selbst Teil der Hyperobjekte ist und so zur »Kollaborateurin der Objekte« wird, andererseits »aber zugleich weiterhin der menschlichen Aisthesis zugänglich« bleibt. (Ebd.)

182 Graham Harman, *Vierfaches Objekt*, Berlin 2015, S. 69.

183 Hoppe, Lemke, *Neue Materialismen*, S. 34. Dieter Mersch zufolge gerinnt die Opazität der Objekte bei Harman zu einer bloßen Behauptung, weil er mit Kants Korrelationismus den Anspruch aufgegeben hat, die Grenzen der Erkenntnis kritisch oder philosophisch auszuloten. Siehe Mersch, *Humanismen und Antihumanismen*, S. 252.

184 Morton, *Ökologie ohne Natur*, S. 294.

185 Ebd.

186 Interview Timothy Morton mit Hans-Ulrich Obrist: { dismagazine.com/disillusioned/discussion-disillusioned/68280/hans-ulrich-obrist-timothy-morton/}, letzter Zugriff 20.12.2023.

187 Vgl. Martin Zeilinger, der die KI detailliert als Hyperobjekt beschreibt. Martin Zeilinger, »AI Art as a Hyperobject-Like Portal to Global Warming«, in: *xCoAx 2022. Proceedings of the 10th Conference on Computation, Communication, Aesthetics & X* (2022), S. 104–116, {2022.xcoax.org/pdf/xcoax2022-zeilinger.pdf}, letzter Zugriff 20.12.2023.

188 Morton, *Ökologie ohne Natur*, S. 313.

189 Wie Morton hat auch Bennett Monografien im Bereich der Romantikforschung publiziert, darunter Jane Bennett, *Thoreau's Nature. Ethics, Politics, and the Wild*, Lanham, Maryland 2002; *Influx and Efflux. Writing Up with Walt Whitman*, Durham 2020.

190 Robert Baker, »Is There a Place for Spirit in Jane Bennett's Vital Materialism«, in: *Cultural Critique* 111 (2021), S. 1–25, hier S. 7 u. 12.

191 Bennett unterscheidet die menschliche allerdings von nicht-menschlichen Formen der Agency; im Anschluss an *Lebhafte Materie*, das die Differenzen am stärksten einebnet, kehrt sie in ihrem darauffolgenden Buch zum menschlichen Ich zurück: »Wie kann man ein lebendiges Ich in einer Welt der lebhaften Materie zum Ausdruck bringen?«, lautet die Ausgangsfrage dort. (Bennett, *Influx and Efflux*, S. xii) Die Studie handelt vom romantischen Dichter Walt Whitman, der Bennett als Referenz für die Frage nach dem menschlichen Subjekt dient.

192 Bennett benennt die Unterschiede in einer Auseinandersetzung mit Morton und dem Spekulativen Realismus selbst. Siehe Jane Bennett, »Systems and Things. On Vital Materialism and Object-Oriented Philosophy«, in: Richard Grusin (Hg.), *The Nonhuman Turn*, Minneapolis 2015, S. 223–239.

193 Donna Haraway, *Unruhig bleiben. Die Verwandtschaft der Arten im Chthuluzän*, Frankfurt a. M. 2018, S. 51.

194 Jane Bennett, *Lebhafte Materie. Eine politische Ökologie der Dinge*, Berlin 2020, S. 30.

195 Jane Bennett, *The Enchantment of Modern Life. Attachments, Crossings, and Ethics*, Princeton 2001, S. 156.

196 Bennett, *Lebhafte Materie*, S. 16.

197 Vgl. dazu auch Bennetts berühmte Beschreibung des Stromausfalls in den USA und Kanada Kanadas 2003. Siehe ebd., S. 60–66.

198 Bennett, *Lebhafte Materie*, S. 197.

199 Matuschek, *Der gedichtete Himmel*, S. 30.

200 Yuk Hui, »Machine and Ecology«, in: *Angelaki* 25/4 (2020), S. 54–66, hier S. 56.

201 Ebd., S. 54.

202 Matteo Pasquinelli hat dieser Einschätzung, die in der Medienphilosophie verbreitet ist, entschieden widersprochen. Siehe Pasquinelli, *The Eye of the Master*, S. 152: »In reality, cybernetics was not a science but a school of engineering in drag – one with sufficient self-confidence to extend.«

203 Yuk Hui, *Art and Cosmotechnics*, Minneapolis 2021, S. 211.

204 Gramelsberger, *Philosophie des Digitalen*, S. 17.

205 Vgl. dazu Yuk Hui, *Recursivity and Contingency*, London 2019, S. 69: »in the thought of Schelling, there is a proto-cybernetics or a proto-systems theory.«

206 Hui, »Machine and Ecology«, S. 56.

207 Gary Tomlinson, *The Machines of Evolution and the Scope of Meaning*, New York 2023, S. 26. Der semantische Universalismus markiert eine Abkehr von Shannon, der noch auf einer kategorialen Differenz zwischen Information und Bedeutung, Syntax und Semantik, beharrte, indem er die Frage nach der Bedeutung von seinem Informationsbegriff ausklammerte.

208 Vgl. Hui, *Art and Cosmotechnics*, S. 125.

209 Yuk Hui, »Introduction: Philosophy after Automation?«, in: *Philosophy Today* 65/2 (2021), S. 217–233.

210 Im quantenmechanischen Universum und seiner probabilistischen Modellierung schließen sich Zufall und Determinismus nicht länger

aus, sondern treten gemeinsam auf. Zur kontraintuitiven Einsicht der Quantenphysik gehört es deshalb, dass eine nicht-deterministische, stochastische Realität die Berechenbarkeit nicht einschränkt, sondern »unermesslich gesteigert hat«. Siehe Ian Hacking, *The Taming of Chance*, Cambridge 1990, S. 2.

211 Hui, *Art and Cosmotechnics*, S. 112.

212 Siehe insbesondere Yuk Hui, *Die Frage nach der Technik in China. Ein Essay über die Kosmotechnik*, Berlin 2020.

213 Hui, *Art and Cosmotechnics*, S. 214.

214 Ebd., S. 125 f.

215 Ebd., S. 213.

216 Görner, *Romantik*, S. 21.

217 Hui, *Art and Cosmotechnics*, S. 214.

218 Ebd., S. 125.

219 Von einer Rückkehr zur Kunst lässt sich bei Hui in doppelter Hinsicht sprechen: Erstens übernimmt Hui wie mit dem Postulat der Autonomie wesentliche Prämissen von der Frühromantik. Zweitens muss ein traditioneller Kunstkanon als Widerstand zur Technik herhalten. Hui bespricht antike (chinesische) und modernistische (Cézanne, Klee), kaum aktuelle Kunstwerke; einer Medien-, digitalen oder computergenerierten Kunst misst er keine gesonderte Bedeutung bei.

220 Hui, *Art and Cosmotechnics*, S. 123.

221 Matuschek, *Der gedichtete Himmel*, S. 61.

222 Siehe Luc Boltanski, Ève Chiapello, *Der neue Geist des Kapitalismus*, Konstanz 2003.

223 Hui, *Art and Cosmotechnics*, S. 221.

224 Den oben diskutierten Positionen ist in dieser Hinsicht gemein, dass sie die Technologie als mächtiges System betrachten – so kann die Maschine darin nach wie vor eine Allianz mit einem souveränen Subjekt eingehen (was typischerweise mit einem Verständnis vom Computer als Werkzeug korrespondiert, das das Subjekt für seine Zwecke nutzt); derlei Allianz impliziert jedoch umgekehrt auch ein schwaches Subjekt, das ab einem bestimmten Punkt kaum mehr Differenzen zu Maschinen oder Dingen aufweist, wobei diese Differenzen oft auch nicht mehr trennscharf gezogen werden sollen (was typischerweise mit einem Verständnis vom Computer als Medium einhergeht, das wirkmächtig in Wahrnehmung und Denken des Subjekts eingreift).

225 Adrienne Mayor, *Götter und Maschinen. Wie die Antike das 21. Jahrhundert erfand*, Darmstadt 2020, S. 8 [Hvh. getilgt].

226 Melina Kirchartz, *Riskantes Denken. Zur Funktion der Mensch-Maschine-Analogie in der Medienwissenschaft*, Bielefeld 2023, S. 67.

227 Louis Chude-Sokei, »Kreolisierung und Maschinensynthese. Mouse on Mars und AAI«, in: ders., *Technologie und Race. Essays der Migration*, Berlin 2023, S. 13–20, hier S. 13 f.

228 Zu Rousseau siehe Pierre-Héli Monot, » Können Maschinen frei sein? Grundzüge einer künstlichen Autonomie«, in: Christina Globke, ders. (Hg.), *Verheißungen der Autonomie. Beiträge des Symposiums vom 28./29. Oktober 2019 in der Akademie der Wissenschaften und der Literatur, Mainz*, Stuttgart 2021, S. 11–24.

229 Der Begriff stammt von Steffen Mau, den ich hier zweckentfremde. Siehe Steffen Mau, *Sortiermaschinen. Die Neuerfindung der Grenze im 21. Jahrhundert*, München 2021.

230 Aristoteles, *Politik. Philosophische Schriften Band 4*, Hamburg 2019, S. 15 (1253b).

231 Chude-Sokei, »Kreolisierung und Maschinensynthese«, S. 13.

232 Siehe u. a. Cathy O'Neils *Weapons of Math Destruction. How Big Data Increases Inequality and Threatens Democracy* (2016); Safiya Nobles *Algorithmis of Oppression* (2018); Benjamin Ruhas *Race After Technology* (2019); Wendy Chuns *Discriminating Data* (2021) oder die von Deborah Schnabel, Eva Berendsen, Leo Fischer und Marie-Sophie Adeoso herausgegebene Anthologie *Code & Vorurteil. Über Künstliche Intelligenz, Rassismus und Antisemitismus* (2024).

233 Pasquinelli, *The Eye of the Master*, S. 17.

234 Benjamin H. Bratton, *The Terraforming*, Moskau 2019, S. 47.

235 Michael North argumentiert, dass die Vorstellung linguistischen Ursprungs sei: Erst die Sprache stiftet ein Modell, das es erlaubt, Materie, Organismen, Information oder Gene so zu denken, als hätten sie die Fähigkeit, »sich zu wandeln, zu wachsen und aus sich selbst heraus zu erneuern« (North, *Novelty*, S. 206).

236 Bratton, *The Terraforming*, S. 25.

237 Im Gegensatz zu positivistischen Ansätzen wie die der Quantified-Self-Bewegungen gilt die Suche in Disziplinen wie der Medienwis-

senschaft einem leiblichen, affektiven, gegenderten oder unbewussten Subjekt, für das die Grenzen zwischen Online und Offline sowie die zwischen Virtualität und Körper, Technik und Psyche, Digitalität und Affekt, Aktivität und Passivität längst aufgehoben sind. Fragen wie die nach Klasse, Race oder Gender richten sich sowohl auf die Geschichte der Technik als auch auf die Möglichkeiten, wie sich diese Problemkomplexe in der Beziehung zur Technik anders denken lassen.

238 {www.nytimes.com/2023/05/01/technology/ai-google-chatbot-engineer-quits-hinton.html}, letzter Zugriff 20.12.2023.

239 Elena Esposito weist Hintons Furcht mit der Begründung ab, dass Massenmedien seit jeher Informationen austauschen und verbreiten. Siehe Elena Esposito, *Kommunikation mit unverständlichen Maschinen*, Wien 2024, S. 71.

240 Louis Chude-Sokei, »Race und Technologie: Eine kreolische Geschichte«, in: ders., *Technologie und Race*, S. 25–30, hier S. 28.

241 Anika Binnendijk u. a., *Brain-Computer Interfaces. U.S. Military Applications and Implications. An Initial Assessment*, Rand Corporation 2020, S. 8, {www.rand.org/pubs/research_reports/RR2996.html}, letzter Zugriff 20.12.2023.

242 James Lovelock, *Novozän. Das kommende Zeitalter der Hyperintelligenz*, München 2020, S. 128.

243 Jens Schröter, »Der König ist tot, es lebe der König. Zum Phantasma eines technologischen

Subjekts der Geschichte«, in: Johannes Angermüller u. a. (Hg.), *Reale Fiktionen, fiktive Realitäten: Medien, Diskurse, Texte*, Hamburg 2000, S. 13–24, hier S. 20.

244 John Markoff, »When A.I. Matures, It May Call Jürgen Schmidhuber ›Dad‹«, in: *The New York Times* (27.11.2016), {www.nytimes.com/2016/11/27/technology/artificial-intelligence-pioneer-jurgen-schmidhuber-overlooked.html}, letzter Zugriff 20.12.2023.

245 Ruth Fulterer, »Der unbequeme Vater der künstlichen Intelligenz lebt in der Schweiz«, in: *Neue Zürcher Zeitung* (21.2.2021), {www.nzz.ch/technologie/der-unbequeme-tessiner-vater-der-kuenstlichen-intelligenz-ld.1599575}, letzter Zugriff 20.12.2023.

246 Zitiert aus dem Dokumentarfilm: Tonje Hessen Schei, *I-Human*, Norwegen, ZDF 2019.

247 Das wird natürlich dadurch erleichtert, dass die Auslöschung nicht Schmidhuber als Individuum, sondern den Menschen als künftige Spezies betrifft.

248 Vgl. Peter Thiel, »Good for Google, Bad for America«, in: *New York Times* (1.8.2019), {www.nytimes.com/2019/08/01/opinion/peter-thiel-google.html}, letzter Zugriff 20.12.2023.

249 Friedrich Nietzsche, *Nachgelassene Fragmente 1880–1882. Kritische Studienausgabe*, Bd. 9, München 1999, S. 494.

250 Földényi, *Der Maler und der Wanderer*, S. 27.

251 Schmidhuber kolportiert die Geschichte seiner Jugend, wie er sich erstmals als 15-Jähriger daran macht, eine Maschine zu bauen, die klüger

als er selbst ist, in Vorträgen und auf seiner Homepage: {people.idsia.ch/~juergen/deutsch.html}, letzter Zugriff 20.12.2023.

252 Földényi, *Der Maler und der Wanderer*, S. 40.

253 Jean-Luc Nancy, *Die fragile Haut der Welt*, Zürich 2021, S. 23.

254 So beispielsweise, wenn man zusätzlich Themen wie Liebe und Sex hinzuzieht, die den romantischen Blick auf Computer und Roboter nicht unbedingt intensivieren, sind die technischen Applikationen und Maschinen (Partnerschaftsbots oder Sexroboter) doch von vornherein romantisch kodiert. Man kann aber auch an die unzähligen Filme und Romane denken, die in den Erzählungen von der Bewusstwerdung der Maschinen romantische Plots und Muster reproduzieren, und darin die an die Digitaltechnologien gerichteten Erwartungen füttern.

255 Vgl. Mark Weiser, »The Computer for the 21st Century«, in: *Scientific American* (Sept. 1991), S. 94–104.

256 Franklin, *The Cult of Creativity*, S. 163.

257 Ebd., S. 159.

258 Vgl. Andreas Reckwitz, *Die Erfindung der Kreativität. Zum Prozess gesellschaftlicher Ästhetisierung*, Frankfurt a. Main 2021.

259 Kate Crawford, *Atlas of AI. Power, Politics, and the Planetary Costs of Artifical Intelligence*, New Haven, London 2021, S. 5.

260 James Bridle, *Die Unfassbare Vielfalt des Seins. Jenseits menschlicher Intelligenz*, München 2023, S. 20.

261 So wie es z. B. Kate Crawford in ihrem *Atlas of AI macht.*

262 Gianluigi Ricuperati, »Dinner with Microsoft's Chief Storyteller«, in: *032c* (2.5.2016), {032c.com/magazine/dinner-with-microsofts-chief-storyteller}, letzter Zugriff 20.12.2023. Vgl. dazu Philipp Schönthaler, *Das Portrait des Managers als junger Autor*, Berlin 2016.

263 Pasquinelli, *The Eye of the Master*, S. 251 [Hvh. i. O.].

264 Der Soziologe Urs Stähli stellt eine allgemeine »Erschöpfung des Netzwerkdenkens und Netzwerkhandelns« fest. Siehe Urs Stähli, *Soziologie der Entnetzung*, Berlin 2021, S. 23 ff. Dieter Mersch bringt hingegen eine philosophische Kritik des gegenwärtigen Netzwerk- und Verknüpfungsdenkens vor: Im berechtigten Anliegen, das relationale Denken über den Menschen hinaus geltend zu machen, haben Netzwerktheorien, Neomaterialismen und Technikphilosophien die Auseinandersetzung mit sozialen Beziehungen, was das Soziale zum Sozialen macht und wie es sich herausbildet, Mersch zufolge preisgegeben oder schlichtweg vergessen. Für Mersch kann dies aber nur dort gelingen, wo das relationale Denken konstitutiv auf den Menschen bezogen wird, was wiederum bedeutet, soziale Beziehungen als besondere primär zu setzen. Siehe Mersch, *Humanismen und Antihumanismen*.

265 Vgl. Paul Thagard, *Bots and Beasts. What Makes Machines, Animals, and People Smart?*, London 2021.

266 Bridle, *Unfassbare Vielfalt*, S. 33 [Hvh. i. O.].
267 Philippe Lacoue-Labarthe u. Jean-Luc Nancy (Hg.), *Das Literarische Absolute. Texte und Theorie der Jenaer Frühromantik*, Wien 2016, S. 36.
268 Vgl. ebd.

Erste Auflage Berlin 2024

Großbeerenstr. 57A | 10965 Berlin
info@matthes-seitz-berlin.de

Satz: Monika Grucza-Nápoles, Cartagena
Druck und Bindung: GGP Media GmbH, Pößneck
Umschlaggestaltung nach einer Idee von
Pierre Faucheux
ISBN 978-3-7518-3009-6
www.matthes-seitz-berlin.de